实体店
这样运营
能爆卖

高海友 ◎ 著

◑ 中华工商联合出版社

图书在版编目（CIP）数据

实体店这样运营能爆卖 / 高海友著. -- 北京：中
华工商联合出版社，2020.11
　ISBN 978-7-5158-2869-5

Ⅰ.①实… Ⅱ.①高… Ⅲ.①商店－商业经营 Ⅳ.
①F717

中国版本图书馆CIP数据核字（2020）第 224200 号

实体店这样运营能爆卖

作　　者：高海友
出品人：刘　刚
责任编辑：胡小英　马维佳
装帧设计：周　琼
责任审读：李　征
责任印制：陈德松
出版发行：中华工商联合出版社有限责任公司
印　　刷：盛大（天津）印刷有限公司
版　　次：2021 年 1 月第 1 版
印　　次：2024 年 1 月第 2 次印刷
开　　本：710mm×1020mm　1/16
字　　数：200 千字
印　　张：14.75
书　　号：ISBN 978－7－5158－2869－5
定　　价：58.00 元

服务热线：010－58301130－0（前台）
销售热线：010－58302977（网店部）
　　　　　010－58302166（门店部）
　　　　　010－58302837（馆配部、新媒体部）
　　　　　010－58302813（团购部）
地址邮编：北京市西城区西环广场 A 座
　　　　　19－20 层，100044
http://www.chgslcbs.cn
投稿热线：010－58302907（总编室）
投稿邮箱：1621239583@qq.com

前 言

30年前，是开实体店的最好时代，15年前是开网店的最好时代，此后，实体店迎来了被电商几乎垄断了交易的时期，各地频现大规模的关店潮。但与挑战并存的，往往是"机遇"二字，对于实体店而言，这是最坏的时代，也是最好的时代，新零售时代的来临，开启了全新的市场格局，越来越多的实体店走上了逆袭之路。

"名创优品"，一家商品价格均以10元、20元为主，但产品的质量却可以媲美售价40元、50元商品的实体店，3年期间开了2000家店铺，无论在哪个大型商场里，名创优品总是人潮涌动的那一家。

"良品铺子"，一家专注做零食的传统企业，每年都能开上百家的新店铺，总门店已经超过2000家，销售收入高达60亿元。老板放言，要将门店开向全世界。

"海澜之家"，一家专门做男装品牌的店铺，在服装业处处受到电商阻击的时候，依旧能够保持门店数量高速增长的态势，营业收入高达182亿元。

……

在服装领域，有优衣库、ZARA等为代表的创新型生活方式集合店；在餐饮领域，有外婆家、小南国等有望向全球发展的餐饮集团。

造成这种改变的原因，在于消费者消费观念的改变。随着社会的进步，时代的变迁，现在的消费者更加重视心灵的充实，金钱观念日渐淡化，愿意接受超前消费，也乐于接受新奇消费的感受，他们更注重消费的体验。

因此，在未来的商业活动中，消费者的消费行为已经不再仅仅是购买产品，而是购买一种生活方式，而这恰恰是实体店的优势所在，不但能够提供给消费者产品，还能够提供心理上的满足，这种"视觉感受+心理刺激"的双重体验，是电商所无法给予的。所以，近几年来，阿里巴巴、京东等各大电商，都纷纷在线下布局，例如阿里巴巴开设了盒马鲜生，京东开设了7fresh。

以上种种，告诉了实体经营者们一个事实，那就是不管电商如何风头正盛，实体店的主体地位依旧难以动摇。

那些在"风浪"中倒下的实体店，要么就是产能落后，要么就是自身经营不善，同质化严重。而那些在"逆风"中起飞的实体店，具备以下的特征：

一、拥有拿得出手的产品或是服务。不管是什么时代，产品和服务永远是店铺竞争力的核心组成部分，没有好的产品和服务，其余一切都是空谈。

二、清晰的自我定位。现在国内的实体商业，产品间的同质化现象严重，同行之间，无论从技术、设备、产品还是服务方面，都没有太大本质上的区别。因此，只有给自己进行清晰的定位，才能够与其他同行区分开来。

三、注重管理。店铺要高效地运作起来，离不开管理，无论是人员，还是货品，亦或是各种规章制度，都在管理的"掌控"之下。

四、一切都围绕着顾客进行。顾客是经营者的"衣食父母"，只有一切围绕着顾客进行，为顾客提供优质的服务和良好的购物体验，才能够获取源源不断的利润。

五、花样翻新的营销方式。有买卖的地方，就离不开营销，虽说"酒香不怕巷子深"，但好酒也要会吆喝。营销就是实体店的"吆喝"，"吆喝"得好，产品自然卖得好。

六、借助互联网。2017年，马云在谈到对未来30年技术和商业的预判时，明确指出，任何一个和互联网脱节的企业、实体店，如果不尝试用互联网发展自己，那就和有电时不使用电一样可怕，甚至比没有电更可怕。实体经济和互联网不是完全对立的，只有二者完美结合，才能进一步发展。

本书围绕以上几个方面进行深入地讲解，让读者能够更好地理解新型实体店的运营。书中使用了大量名企的实用案例，从海底捞、7-11、胖东来、宜家等知名企业身上取经，为经营者提供切实可行的经营思路与方式。

目 录
CONTENTS

第一章

拿得出手的产品，是实体店生存的根本

第二章

个性化的店铺，是实体店标新立异的招牌

第三章

品牌式的服务，是实体店不可撕掉的标签

第四章

挖掘顾客的兴趣，是实体店重生的着力点

第五章

采用立体促销方式，是实体店引流的秘籍

第六章

找准自我定位，是实体店提升的必经之路

第七章

借力互联网，是实体店绝地反击的机会

第八章

重塑管理思维，是实体店不断优化的保障

1

第一章

拿得出手的产品，
是实体店生存的根本

1. 更新换代越快，匠人精神越可贵

如果有人跟你说，一个卖葱油饼的师傅不但被央视报道了，就连英国的BBC都慕名而来专门为他拍摄纪录片，你肯定不会相信。但是事实确实如此，这个卖葱油饼的师傅，就是上海"阿大葱油饼"的店主，名叫吴根成，他的小店铺开在一条不知名的小巷子里，但是每天要买上一张，可不是一件容易事，排队四五个小时是常有的事，甚至有好吃者早晨5：30就起床去买饼，即便这么早，也要排许久队，才能一饱口福。

一张普通的葱油饼能够引来消费者如此追捧，也说明了它的不普通之处。店主吴根成做葱油饼30年有余，是名副其实的手艺人，这样的人在繁华的大上海已经越来越少。那么手艺人和单纯的早点摊摊主又有什么不同呢？吴根成的葱油饼，每炉只做20个，耗时30分钟，每天限量只做300个。无论是严寒还是酷暑，不管外面排队的人有多少，吴根成从来不会因此改变做饼的工序，时间也不会多一秒或少一秒，就算顾客已经"怨声载道"了，吴根成也只能一脸无奈地说："快不了呀！快了外面焦了，里面却不熟，猪油化不掉，味道就变了。"好不容易等到出锅，心急的顾客忍不住伸手去拿时，吴根成又会说："不要着急，要放两分钟才可以，否则饼皮不脆。"

如今吴根成已经65岁了，但是整个小店还是只有他一个人忙碌，没有学徒，也没有帮工。这期间很多人想要出钱将他的技术买下，还有人想出高价做连锁店，但都被吴根成拒绝了。这让人联想到了电影《泰囧》里，徐峥扮演的大老板和做葱油饼的王宝强之间的一段对话，当徐峥得知王宝强靠卖葱油饼，一个月净赚2万多块钱时，徐峥让王宝强将卖葱油饼的技术卖给他，王宝强很高兴地说："可以"，但前提条件是，必须王宝强本人亲自做，不能速冻，不能请人，必须新鲜出炉。徐峥听到此，无奈地表示王宝强这辈子只能卖葱油饼了，而王宝强却十分自豪地回应，他这辈子只喜欢做葱油饼。

这就是商人与匠人之间的区别。所谓的匠人精神，不会将利益放在第一位，而是将产品放在第一位，通过不断精进的手艺，让产品的质量得到提升，并得到广大消费者的认同。

2010年一位德国商人在华投资做大型齿轮，在他陪自己的父亲游青岛时，他的父亲发现青岛江苏路基督教堂上的钟表，是由自己的家族供应的。钟表制造的时间大约在19世纪末，已经有上百年的历史了，而钟表还在正常运转着。商人表示，就钟表目前的运转情况来看，至少还能再用上300年。

钟表能够运转上百年都不出现任何问题，这必定是倾注了制造者的匠心在其中，只有保持匠心，才能让生产不再是为了生产而生产，才能让生产的价值回归。

那么，经营者要如何才能做到专注产品质量，保持匠心呢？

匠心是不改初衷，保持高质量

市场从来都是聪明但不理智的，它选择好的，却并不会引领企业走正确的路。面对市场这个难搞的对手，需要投其所好但不能任其摆布。比如瞬息万变的智能机市场，几乎可以说是新品迭代速度最快、竞争对手最多最强的修行场。仅是在用户需求、竞争对手、企业利润之间取得平衡就已经困难重重，因此很多手机制造企业会选择通过大量短期新品来扰乱市场，而其他企业一旦跟风，就容易忘掉初心，从而丢掉自己已经拥有的优势。

据调查，平均每1.1秒就有一名用户选择OPPO的R9手机，OPPO的R9手机之所以如此受消费者欢迎，与经营者不盲目跟风、坚守原则是分不开的。

当下消费者对智能机的使用需要，除了基础功能以外，还需要手机的功能能够根据自身的习惯进行升级和强化。OPPO的R9手机在防抖、美颜算法和旋转摄像头等核心领域拥有289项核心专利，对拍照、闪充、外观等方面的不断升级，无一不是围绕用户最关心的核心领域在改变和升级。所以，当用户对手机拍照的功能比较在意时，那么OPPO的R9手机就成了消费者的首选。

OPPO的做法就是坚守生产的高质量目标，生产拍照手机，就将研发出最好的拍照功能作为自己的质量目标。同样的道理，不管是什么企业都是如此。做餐饮的公司，就要以让顾客吃到健康美味的食品为目标；做房地产的公司，就要以让消费者住上更加安全舒适的房子作为自己的目标。

只有这样，餐饮公司生产的食物才不会有地沟油、有害物质超标这样的问题出现；房地产公司建造的房子，才不会有豆腐渣工程的情况出现。贾岛作为诗人，他崇尚的是"两句三年得，一吟双泪流"。经营店铺的经营者也要有匠人般专注产品质量的执着。

匠心需要耐心

近年在网络上爆红的李子柒，人们习惯称之为"网红"，但实质上，她更像是一位匠人。就拿李子柒做酱油那一期来说吧，当大部分美食节目只是侧重于展示某酱油做饭多么美味时，李子柒告诉了观众，能做出好菜的好酱油，是从一颗黄豆开始的。

为了酿造酱油，李子柒提前了大半年的时间，将黄豆的种子种进了土壤里，待到黄豆成熟后，再采收、晾晒、人工摔打脱粒。然后李子柒用收获的这大半袋黄豆，开始了半年多的酿造工作，从清洗到泡发，从泡发到发酵，再到晾晒，最后酿成了色泽鲜亮，光是看着都能感觉到那股浓香的酱油。

最终拍成的视频只有五分多钟，但是为了拍这条视频，李子柒前前后后用了近两年的时间，而这仅仅是冰山的一角。《秋千沙发床》成片仅五分钟，前后累计拍摄素材2000余条，其中劈木材、钉桩等粗重劳动内容屡次造成伤口，甚至她左手无名指曾被几十斤重的木桩砸伤，但由于顾及摄像连续性，为了减少相机损耗，李子柒不顾伤口忍痛操作。

对此，李子柒曾经说到："2万余条素材，来来回回开关4万次，按每条素材走25步来算，步行约260公里。不求您能喜欢，但求能给努力做内容的自媒体人最基本的尊重。"不管是酱油，还是视频，好产品都是需要时间才能打磨出来的。在网红时代，一条视频分分钟能够获得几百万的收益时，李子柒却能够守住初心，静下心来将一件事情做好，不管是需要几天，还是几个月，甚至是几年。不问结果，只求在这个过程当中，自己能做到最好。

匠人精神需要用心

很多人曾问上海阿大葱油饼的吴根成师傅，他能够把葱油饼做得这么好吃的秘诀是什么？老人笑着回答，自己做的又不是原子弹，不存在什么秘诀，只有两个字，那就是——用心。而这两个字，实则又是最不容易做到的。因为这需要极大的耐心去支撑，很多人一辈子都学不会"用心"二字，而有的人，一旦用起心来，就能够用一辈子。

在日本东京有一家不起眼的小店，说它不起眼，是因为它实在太小了，只有3平方米那么大一点地方，而且提供的菜品也十分单一，只有羊羹和最中饼两种。而且这两种产品每天还是限量供应，即便如此，这家小店的年收入却高达3亿日元。很多人为了吃这家店的羊羹和最中饼，早晨四五点钟就来排队。50年来，除非老板闭店，否则小店门口从来不缺少排队等待的人群。人们对羊羹的味道赞不绝口。

能够让消费者们如此无怨无悔地排队等待，这个小店自然有它的过人之处。小店的创始人名叫稻垣笃子，为了熬制这一碗可以美哭宇宙的羊羹，她用了十年的时间。这期间，她的目标只有一个，那就是做出最美味的羊羹。想要把汤羹熬制美味也算不上什么难事，但难的是，如何让十年如一日般美味。因为天气的不同，湿度的不同，产地的不同，会导致原材料在整体质量上有所差异，所有的这些，都会影响着羊羹的味道和口感。

为了达到这个要求，稻垣笃子又探索了十年，终于达到了"技近乎道"的境界，一旦她熬制起羊羹来，全世界都与她无关了，她的眼里只有锅中的羊羹，一切琐碎杂念，都被她屏蔽在头脑之外了。

中国有句古话："技进乎道，艺通乎神。"就是对匠人精神的最好诠释。作为商家，想要用心打造自己的产品和服务，就要达到这种忘我的境界，自己的产品才能像被施了魔法一般，对消费者充满了吸引力。

保持专注，才能精益求精

做任何事情，都有极其枯燥乏味的时刻，当最初的热情散去，人往往就会变得不再注重细节，注意力也不再集中，因此生产环节就会出现种种问题，导致后面产品的质量与最初出现差别。而那些能够坚持下来，从始至终都能专注细节的人，才能够达到精益求精的境界。

小野二郎被称作"寿司之神"，他做了一辈子的寿司，每天只专注于一个目标，那就是做出比昨天更加美味的寿司。如今已经90多岁的他，仍然在研究如何将寿司做得更加美味。哪怕是一道普通不过的煎蛋，他也会花上十年的时间去研究，只为了将煎蛋的味道做到最好。

小野二郎的寿司店是全日本最贵的寿司店，对于自己每天都在做的事情，他没有一丝一毫的不耐烦。即便已经做到足够好，他也依旧在探寻更好的路上前进着。终其一生，只为做好寿司，这样的专注，才能让小野二郎做出全日本最好的寿司、最贵的寿司。

2. 人靠衣装马靠鞍，商品靠包装

以前，人们常说"酒香不怕巷子深"，认为只要产品质量好，就不愁卖不出去。而在市场竞争日益激烈的今天，传统的思想就要变一变了，如何让自己的产品更加畅销，如何让自己的产品从琳琅满目的货架中脱颖而出，只靠产品自身的质量与媒体的轰炸，是远远不够的。

俗话说："人靠衣装马靠鞍。"同样，一件好的产品想要打动人心，好包装是第一要素。因此，从企业诞生以来的几百年时间里经营者对产品包装的设计和追求，就从来没有停止过。

《韩非子·外储说左上》中曾有这样一个故事，楚国有一个珠宝商人去郑国卖珍珠，为了吸引顾客，这个人用名贵的木材做成盒子，并且在盒子上镶嵌珍珠和翡翠，看起来十分华贵。一个郑国的顾客见了，十分喜欢，便买下了这个盒子，但是却把里面的珍珠还给了楚国商人。《买椟还珠》这个故事原本是讽刺那些舍本逐末、取舍失当的行为，但是如果从另一个角度来看的话，也可以看出包装对于商品的销售所起到的至关重要的作用。

六义春茶庄是我国大大小小众多茶庄中的一家。左老板经营六义春茶庄已经有6个年头了。起初人们对茶叶的需求，仅仅是自饮，所以左老板随便用纸袋一装的行为，并没有引起顾客的异议。可是随着茶叶渐渐成为送礼的佳品，纸袋包装就有些显得不上档次了。甚至有一次，顾客都挑好了茶叶，却因为茶叶的包装不够精美，无法作为礼物送人，而选择了退货。

听到顾客的抱怨，左老板才意识到茶叶已从最初的商品属性发展出了礼品属性，尤其是现代社会，朋友之间送茶叶已经成为一种潮流。可如果直接用买来的包装盒包装茶叶，不仅无法体现出茶庄的特色，而且也可能与其他茶庄的包装雷同，这不利于茶庄的经营。思来想去，左老板利用自己对茶叶的了解，把自己心目中认为最符合茶叶的包装样子记录了下来，然后请专业人士进行设计，又找了工厂生产出来。

这下六义春茶庄的茶叶就有了属于自己的独特包装，每个包装盒上面都有一匹褐色骏马奋蹄向前，形态十分俊美，它身后驮着两个装茶的茶竹篓，然后旁边是几个刚劲的大字——茶马古道。

新包装盒刚一摆上货架，就有顾客被这古色古香的包装所吸引，当时又恰逢中秋佳节，于是立即买了两盒，准备当作礼品。

在现代激烈的商业竞争中，一件商品若想得到消费者的青睐，除了保证商品的质量之外，商品的包装也是一个非常重要的因素。因为现在有很多顾客十分在意商品的包装，如果包装太差，就会给人一种低档的感觉。反之，即便商品一般，高档的外包装，也会给人一种产品不错的感觉。

同时，对产品进行新颖独特的包装，不但可以传达商品的属性和定位，还可以引起消费者购买和试用的欲望，还能够通过视觉刺激提升商品知名度。可见，虽然包装仅仅是促进商品销售的一个方面，但如果没有吸引人的包装，即使商品质量再好，要想吸引顾客也是一件比较困难的事情。

精心设计包装的外观

精美的包装设计不仅要从视觉上吸引消费者，还要从心理上捕捉消费者的兴奋点与购买欲。美国的工业设计大师兰多先生认为：好的设计师肯定是一个精明的心理学家。

那些图案鲜明、文字突出、色彩醒目且有很强视觉冲击力的包装，能够在第一时间吸引消费者的目光；那些具有新奇感、特色感、优美感的包装，则易诱发消费者丰富的联想。所以包装的设计思想，应当是以消费者为中心，想方设法地刺激并满足消费者的心理需求，只有在短时间内吸引了消费者的目光，消费者才能够继续接下来的比较行为，通过对商品的形状、颜色、味道、性能、使用方法等方面进行比较，进而产生购买的欲望。

包装要与时俱进

进行包装设计时，商家应该遵循审美原则，使包装外形新颖、色彩明快，具有一定的装饰性和观赏性，要能给顾客带来美的享受。尤其是礼品包装，不仅要设计得美观大方，而且还要体现出较强的艺术性，以增加商品的名贵感，从而达到宣传商品、扩大销售的目的。

可口可乐的包装，大家再熟悉不过，一直以来都是以红色的瓶身、白色的字体出现在我们面前。这看似简单的包装，却一次又一次被可口可乐公司玩出了新花样儿。如新年里的"幸福托运签瓶"，墨西哥助力公益的"文盲瓶"，还有在各大校园里推广的"社交瓶"，以及非常出名的"昵称瓶"和"歌词瓶"。

我国的消费者比较熟悉的就是能够代表人群的"昵称瓶"了，比如：纯爷们儿、高富帅、文艺青年、闺蜜、小萝莉、喵星人、月光族……手持含有昵称的可口可乐，一度成为微信朋友圈的晒照利器。后来又出现的"歌词瓶"，虽然没有"昵称瓶"名声响亮，但是也不逊色，印有"你是我最重要的决定""让我们乘着阳光看着远方""蝉鸣的夏季我想遇见你"等动人心弦的歌词，在文艺青年中十分受欢迎。

虽然只是一瓶小小的可乐，但是可口可乐在瓶子包装的设计上，一直都在追求创新，比如：在瓶身上加个凹槽，将可乐瓶变身为"自拍杆"，方便用户将手机卡在瓶盖上自拍；还有录音瓶，按住瓶盖就能录音30秒，收到饮料的人拧开瓶盖，就能听到录好的声音。

还有近几年火起来的白酒江小白，也是与时俱进玩创新的高手。曾经推出的语录瓶可谓是风靡一时，上面的语录不过短短十余字，却积极向上，充满了正能量，譬如："同在一个城市，为什么好久不见？""年轻要活得痛快，年长要活得自在。"……迎合了当下年轻人追求新鲜、追求与众不同的心理。

与之相似的，还有小茗同学、茶兀等饮品，也都是在包装上下了一番功夫，不但体现了产品自身的特色，还带动了产品的销量。

包装要有实用性

"双子座"是一家家庭烘焙坊，因为其高超的烘焙技术，以及精选的用料，在当地很受消费者欢迎。由于很多人买生日蛋糕都是用来送人的，所以店主李娜女士在选取蛋糕盒子时十分注重颜值。有一次，一位老顾客向她抱怨道："蛋糕盒子太好看了，扔了不舍得，但留着又不实用。"

顾客无心的一句抱怨，让李娜上了心，她开始四处搜罗有更多实际用途的盒子。后来李娜找到一种铁盒，铁盒上印有很多极具艺术感的图案。如果用铁盒来放蛋糕，不但美观，还可以留作他用。只是这样一来，蛋糕的成本又增加了。

思虑再三后，李娜还是向消费者的需求低头了，并给这款铁盒蛋糕起了一个好听的名字——半岛铁盒，因为成本增加了五块钱，铁盒子蛋糕的售价也增加了五元。但是消费者们却没有因为增加了这五元钱，而放弃购买蛋糕，反而还有顾客为了盒子专门买一份蛋糕，因为盒子太好看了，吃完了蛋糕，还可以放其他东西，就是不放东西，仅仅当作摆设也是很好看的。

靓丽的包装，可以在第一时间吸引顾客的眼球，激起顾客的购买欲望，而实用的包装，则可以让顾客对产品的好感倍增，当顾客家里总是留有印有你店铺LOGO的包装时，还怕顾客忘了你吗？

3. 只有物有所值，没有物美价廉

一直以来，电商在市场经济中，都是以"物美价廉"著称，并以此作为绝招对付实体店。但他们真的能够实现物美价廉吗？实体店里上百块的衣服，电商只卖十几块，价格上是便宜了，质量上呢？恐怕是天差地别了。

但是为了生存，很多实体店为了能够抓住客户群，也纷纷加入了这种价格战中。这种不良的竞争方式，令整个零售行业都将自己的竞争力集中放在价格上，而忽略了商品本身的质量。

提起7天连锁酒店，几乎每一个曾经外出住宿过的人都不会感到陌生，就是这样一个家喻户晓的酒店，在不到两年的时间里，已经关闭了几百家门店。十多年前，7天酒店以低价卫生的经营方式迅速填补了我国酒店中端市场的空白，俘获了当下年轻人的好感，短时间内，连锁店就遍布了我国的大中小城市，是大部分人出差住宿的首选。

但是近几年来，7天连锁酒店的口碑却成断崖式下滑，确切说，所有与7天一样的快捷连锁酒店都遇了这样的情况，究其原因，就是频频出现的卫生问题。曾有顾客入住7天连锁酒店后，发现床单上有疑似呕吐物的痕迹，对此，工作人员的解释是，在运输过程中不小心碰脏了。同样的情况也发生在如家快捷酒店中，当顾客入住后，不但发现床单没有换洗，还有大片的尿迹，到处都是卷曲的毛发，让顾客作呕不止。

经营酒店，无论价格高低，干净卫生都是这个行业最基本的要求。为什么曾经风靡一时的酒店，如今却频频陷入卫生问题的丑闻中？

其根本原因，在于7天等快捷连锁酒店的经营方式。快捷连锁酒店的业态模式就是价格低廉、设施简洁、安全干净和高性价比，致力于让顾客以低廉的价格享受高质量的服务。然而任何产品都是有成本的，就拿酒店来说，酒店的产品就是服务，服务来自人工，而人工的付出与其工资成正比。按照规定，酒店的清洁服务，应该是一客一换，长久居住的顾客则是一天一换。但这些硬性标准，现在执行起来，就今时不同往日了。如今人工的费用较之几年前，已经有了大幅度的提升。但经济型的酒店为了保持物美价廉的优势，将成本都转嫁到劳动力上，客服和清洁员工的工资长期处于基层水平，工资水平过低，但却要付出极大的体力去完成。所以人才流失严重，而剩下的员工，多半业务水平不熟练，所以才会屡屡出现各种服务不到位的情况。

要知道，面粉决定了面包的价格，服务决定了酒店的质量，成本决定了定价，因此，廉价的酒店就不可能达到干净卫生的要求，同样的道理，适用于任何一家实体店。早在两千多年前，孟子就曾说过："鱼和熊掌不可兼得。"同样，想要物美，就不存在价廉一说。

因此，我们应该认识到，在人们生活水平不断提升的今天，物美价廉已经不存在，实体店应将"品质至上"作为今后要走的道路。

市场终究会属于高质量产品

俗话说："一分钱一分货。"价格的高低决定着商品质量的好坏，流通在市场上的商品，大致可以分为四类：低价低质、低价高质、高价低质，还有高价高质。

低价格意味着低品质，这样的商品在信息时代不发达的地区还有市场，但随着信息不断透明化，以及人们的消费水平日渐提升，这种商品已经没有办法吸引消费者了。价格低却拥有高质量的产品，往往出现在店铺创建伊始，为了吸引顾客，占据市场份额而存在。在网络购物的冲击下，很多店铺都会选择用"低价策略"立足市场，但商品的成本是固定的，价格越低，利润的空间就越小，所以当店铺站稳了脚跟，这种赔钱的方式自然也就没有了存在的理由。否则，对实体零售店铺而言，前路就是一条死胡同。

而高价低质的产品，则属于欺瞒性产品，往往大家购买一次后，就不会选择购买第二次，在那些旅游景点，或是车站这种地方的店铺，才会选择这样的贩卖方式。但随着人们渐渐摸清了这其中的猫腻，这种店铺的生存空间也越来越小了。

最后就是高质量高价格的商品了，事实上，这也是最符合市场经济的存在。质量好就意味着成本高，成本高，就意味着价格高。对于顾客而言，只要产品的质量能够达到他们的要求，那么价格就不会再是影响他们购买的因素了。

因为熟知这一点，日本知名的便利店7-Eleven最强调的就是"品质"二字。7-Eleven以种类繁多的独创产品而闻名,这意味着其成本要高于一般的便利店,也因此商品的售价也高于其他的便利店,但在市场竞争如此激烈的情况下,7-Eleven却从来没有想过以低价取胜。因为他们知道,顾客在乎的是"品质",而不是"价格"。虽然让顾客产生消费冲动的原因有很多,比如:超乎想像的低价、耳目一新的广告等,但如果这一切不是建立在"品质"二字上,那么必将会失去让顾客"二次光顾"的机会,店铺再辉煌,也不过是昙花一现。

所以在市面上大多数的便利店都在强调"平价"二字时,7-Eleven考虑的却是如何研发出质量更加上乘的产品。事实证明,7-Eleven的选择是正确的,所以作为一家便利店,7-Eleven能够将店铺开遍全世界。

接下来,店主们就要致力于研究如何让顾客认可产品的质量了。

东西可以贵,但要有贵的理由

实体店的经营,一方面依托良好的口碑,另一方面依附于强大的品牌。但无论是口碑还是品牌,其根本都在于品质。只有品质好,才能产生品牌效应,同样只有品质好,才能拥有口口相传的口碑。

在冰箱还需要凭券购买的年代,海尔集团的CEO张瑞敏1985年在出任海尔的前身青岛电冰箱总厂厂长时,一批待销售的冰箱中,发现了质量问题。面对这些不合格的冰箱,有人认为可以作为福利,便宜卖给内部员工,还有人认为可以作为疏通各个渠道的"礼品",总之不能让问题产品浪费掉。

但是张瑞敏却做出了另外的选择,他将所有不合格的冰箱都从仓库中拉了出来,然后当着大家的面,用锤子亲手砸烂了这些次品。当场有

以外的轿车。结果后来被通用捷足先登，蚕食了市场，亨利·福特对此后悔不已，反省后开始生产各种颜色、各种类型的汽车，以满足消费者的不同需求。

与福特汽车恰巧相反的是日本的伊藤洋华堂。伊藤洋华堂于1920年创立，是日本主要的零售企业，在日本全国各地经营百货公司，在中国多个城市包括成都、北京等也有零售业务。

在伊藤洋华堂刚刚入驻成都时，为了能够了解成都消费者的需求，三枝富博和下属做了一系列的市场调查，而在他们看来这还远远不够。于是他们便亲自登门，到普通的市民家中，了解每一家的冰箱与柜子，都放了些什么产品，甚至还曾动手翻捡过垃圾桶，就为了解消费者的日常生活中，都需要什么样的产品。

当店铺正式营业后，了解顾客需求的方式就变得更为直接了，伊藤洋华堂的员工会直接问顾客有什么不满之处，并且将这些不满之处都收集起来，然后注意改进，从停车到商品，再到服务，只要是顾客有所需求，伊藤洋华堂都会做出调整。

在这样的努力下，许多消费者都喜欢到伊藤洋华堂消费，因为伊藤洋华堂"懂"他们。企业运作的零售业是如此，实体店的经营也该如此。不管是产品销售，还是服务提供，都应该将顾客的需求放在第一位。要做到这一点，可以从以下四点入手。

用心去研究顾客的需求

史玉柱在研发《征途》游戏时，是一个完全没有游戏开发经验的菜鸟，除了玩游戏，他什么也不懂。为了了解到用户的需求点，他用了一个最笨的方法，那就是找潜在的游戏玩家聊天，在聊天的过程当中，将玩家的心思研究透。

史玉柱与不下2000个玩家聊过天，每天至少花费两个小时在聊天上，就算一天平均聊10个小时，也需要400多天才能够完成这项浩大的工作。事实证明，史玉柱的力气没有白费，在与这2000多个玩家聊天的过程当中，他清晰地掌握了玩家在玩游戏时所产生的种种小情绪，并将这些都投入到了《征途》游戏中，使之成为游戏最吸引人之处，让玩家的种种情绪有了合适的载体，以及释放的渠道。

花费大把的精力对顾客进行研究，是史玉柱从"三大战役"的失败中总结出来的经验教训。从那以后，史玉柱就养成了这样一个习惯，谁消费他的产品，他就要把那个人研究透，若是有一天研究不透，都会令他感到痛苦。

用户的需求，不会摆在我们眼前等我们去发现，需要我们用心地去研究顾客的心理，通过与顾客沟通、观察等形式，感悟顾客的真实需求，从而提炼出商品的卖点。

了解顾客的显性需求和隐性需求

顾客的需求可以分为两种：一种为显性需求，另一种为隐性需求。

显性需求就是顾客的基本需求，这种需求有针对性，顾客可以明确地感觉到，并且准确地表达出来。例如：顾客感到口渴时，我们为顾客提供了饮料，就是满足了顾客的显性需求，只是这种满足并不能为经营者带来太多的附加值，但是如果顾客的显性需求不能得到满足，顾客会因此而产生抱怨。

那顾客的隐性需求是什么呢？还是顾客口渴的例子，我们不但为顾客提供了饮品，还伴着饮品免费提供了一些小点心给顾客，本来顾客只想解决口渴的问题，即便得不到小点心也不会抱怨，但意外得到了，这就超出了原本的期望值，潜在需求得到了满足，这会让顾客感到很兴奋。

可以说，顾客的显性需求是显而易见的，而隐性需求则需要经营者通过关注顾客，从顾客细微的动作中发掘。具体来说需要做到以下五方面：

第一，我们要学会观察顾客，从顾客在消费的过程中遇到的麻烦、不便入手，从而思考怎样为顾客提供解决的方案，使自己提供的产品和服务更加快捷、方便。

第二，我们要融入顾客当中，倾听顾客的抱怨和需求，了解他们渴望解决的问题是什么。

第三，将自己视作消费者，站在消费者的立场上，模拟消费者的生活习惯，从中找到顾客的潜在需求。

第四，邀请顾客参与到产品和服务的设计当中，在顾客参与的过程中，捕捉他们对产品与服务的诉求。

第五，根据调研的过程，尽快做出一个产品或服务的模型，然后进行小范围的试用，并及时解决和完善发现的问题。

不要用"专家思维"考虑用户需求

与网店不同的是，实体店的经营者要直接面对顾客，需要跟顾客进行面对面的交流，才能够促成交易成功，因此，7-Eleven的创始人兼CEO玲木敏文先生认为在揣摩顾客心理，捕捉消费者的需求时，要做更多换位思考，多站在顾客的角度思考问题，而不仅仅只是站在自己的立场上，想当然地对顾客的需求进行判断。

在日本整体经济环境都不太景气的时候，7-Eleven负责产品研发的人员，提出了推出低价饭团的建议。因为产品研发员认为，在不景气的经济环境下，消费者更倾向于低价饭团。而经营者玲木敏文却不这样认为，他认为不管经济环境如何不景气，消费者购买产品的动机都不会只停留在"价格更便宜"上，消费者更在乎的是产品的新价值。换句话说，消费者需要的是能够给他们带来美好体验的产品。

所以，在2001年，7-Eleven推出了"黄金鲑鱼饭团"和"鲑鱼籽饭团"，分别售价160日元和170日元。这个定价在当时的社会环境下，着实不低，要知道麦当劳一个汉堡只卖65日元，吉野家的牛肉饭280元一碗，而7-Eleven一个饭团就要卖到160日元。但出人意料的是，这些"高端饭团"销量反而很好。

7-Eleven负责产品研发的人员就是典型的以过去成功的经验为基础，自以为是地在"为顾客着想"，但事实上并没有从更深层次去挖掘消费者的需求。作为店铺的经营者，不能轻易被时代的大趋势打乱步伐，也不要形成没有必要的"专家思维"，只需要单纯地站在顾客的角度去思考问题就好。

顾客的需求，需要被创造

在马斯洛的需求层次理论中，消费者存在5种需求：生理需求、安全需求、社交需求、尊重需求、自我实现需求。现在大部分实体店还停留在满足顾客需求的阶段，即顾客需要什么，我们就提供什么，而事实上，顾客的需求却不是单一的，有时候我们还需要在顾客自身还没有意识的时候，创造出需求，让顾客意识到自身的需求。

TRIBE是一家有机餐厅，顾名思义，这家餐厅绝大多数的食材都是有机的、健康的，并经过有机认证的。并且，在烹调方式上，讲究少盐、少油，用烘烤代替油炸。

为了让顾客更加了解有机食物的好处，经营者在菜单上也下了一番功夫。菜单上每道菜下面都有一行缩写的字母和图标，"++"代表富含维生素，"V"代表素食，"VV"代表纯素，"F"代表富含纤维素，"GF"代表不含麸质……

顾客不但能够了解到自己在一餐中可以摄取到多少营养，还能够了解到不少关于营养方面的知识，尤其是那些有过敏史，或者是素食主义者的顾客，都能从中找到适合自己的美食。

虽然TRIBE的人均消费要一百多元，但是依旧不乏追随者。起初，人们只认为吃饭是刚需，只要吃饱吃好就可以，但是随着社会环境的变更，食品安全问题日渐被大众所重视，所以TRIBE的经营者意识到，人们对饮食的需求，不应该仅限于吃饱吃好上，绿色健康也是非常重要的，所以将餐厅定位为"有机餐厅"，并通过菜单、宣传等手段，向顾客传达出"要吃得健康"这个概念，这一概念也正好与消费者当下的心境相符合，不但解决了顾客"好吃"的需求，还为顾客创造出更高层次的需求，即生活品位和饮食习惯方面的体验。

在实体店经营的过程当中，无论是哪个行业，想要生产出好的产品，或是好的服务，都应该将顾客的需求放在第一位，尊重顾客的选择，满足顾客不同层次的需求。

5. 打造属于你自己的明星产品

　　走进餐馆，我们会发现每家店都有那么一两道招牌菜，而这一两道招牌菜，往往又是餐馆中售卖数量最多的产品。有时候，一个招牌菜甚至可以带动整个餐馆的生意。其实，不仅仅是餐馆，任何一家实体店，都需要有这样一款产品，一款在消费者口中极具口碑，又有辨识度的产品。

　　这样的产品，处于高增长率、高市场占有率象限内，有可能是店铺现金流产品，我们称之为"明星产品"。明星产品，顾名思义，就像是舞台上闪耀的明星一样，具有快速引爆、提升客流、拉动人气和销售业绩的作用，能够有效为店铺解决客流和现金流两大核心问题。

　　以重庆鸡公煲为例。现在各大美食街或是高校附近的餐饮街内，都可以看见重庆鸡公煲的身影，在重庆鸡公煲内，鸡公煲就是店内的明星产品，几乎每一个进店的消费者，都是冲着鸡公煲去的。同时，店内还有烤鱼、牛蛙煲、蟹煲等产品。大部分冲着鸡公煲进到店里的顾客，通常也会再选择一两样店内其他的菜品。这就是典型的运用明星产品，带动其他产品销量的例子。

　　而明星产品并不是一开始就自带"明星效应"，而是需要经营者根据自己对产品的了解，进行打造。在消费品领域，很难预测判断出哪款产品能够畅销。这个时候，就需要经营者根据自身的实际情况，去打造一款明星产品了。

　　高邮市湖畔水产专业合作社——王鲜记，是一个知名的大闸蟹品牌，其产品除了大闸蟹，还有许多其他水产品，咸鱼就是其中一种。但是由于咸鱼看上去都是很大一条，给人一种吃起来十分麻烦的直观感受，尽管咸鱼的味道十分鲜美，但是销量却一直不理想。

　　王鲜记水产农场的负责人王俊深知"酒香也怕巷子深"的道理，于是花重金请来了设计团队，给每款产品都重新设计了包装。原本很大一条的咸鱼，摇身一变，成了一小块一小块的，同时还得到了一个十分吉利的名字——"喜昂头"。这个名字，配上大红色的包装，咸鱼一下子就从众多产品中脱颖而出，迅速打开了销量，成了畅销品，一年能够产生几百万元的销售额。

　　打造出自己的明星产品，对于实体店而言，不但拥有了具有辨识度的产品，同时也能够带动店内其他产品的销量。

从市场角度打造明星产品

　　众所周知，市场竞争激烈的产品都是广受消费者喜爱的产品，但这同时也是一个弊端，那就是市场竞争激烈，反而不利于产品成长。手机市场就是一个很好的例子，纵观整个手机市场，真正意义上的明星产品几乎没有，原因就在于手机市场竞争激烈，一旦有好产品出来，就会引来其他同行的模仿。这样一来，明星产品的优势便不复存在，因此很难打造出一款真正的明星产品。所以，在打造明星产品时，不要选择那些市场竞争激烈的产品。

其次，明星产品要大众化一些，可以说越大众化越好，否则明星产品也只能是"空中楼阁"，无法变成真金白银。就像夏普曾经出过的一款电子记事本，在各大电子产品的论坛上，都有着不错的评价，甚至被评为标杆产品。但是这款产品太过小众化，虽然人人称道，但销量就是上不去，所以注定无法成为明星产品。

最后，明星产品要选择适当的时机进入市场，最好是在人们需要的时候出现，早了不被人接受，晚了就成了过气产品。例如国内许多电器大品牌在2000年前后就推出了空气净化器，但是那个时候空气质量还可以，并未大范围地对人们的生活造成影响，所以人们对空气质量的关注度不高，因此空气净化器就成了可有可无的产品。而后来空气质量越来越差，给人们的生活造成了极大的困扰，Blueair适时推出了一款空气净化器，正好迎合了当下消费者的需求，因此Blueair的空气净化器立刻就成了消费者竞相追捧的明星产品。

明星产品，既是"英雄"，也需"时势"

鸡公煲与王鲜记打造明星产品的行为，属于经营者利用自己的资源打造明星产品的例子。还有一种情况是，利用真正的明星打造明星产品。

例如在《舌尖上的中国2》中一炮走红的张爷爷挂面，被西北菜餐饮集团西贝莜面村以600万元的价格买断后，西贝莜面村推出了一款名为"张爷爷家原汁原味"的酸汤挂面，这款挂面从上市开始，只用了短短两个月的时间，就卖出了100多万碗。这款酸汤挂面能够如此火爆，其中包含两点原因：

一是《舌尖上的中国》这个节目名气大，达到了家喻户晓的地步，能够被节目组选中的美食，几乎都成了"红人"。自然，张爷爷家的挂面也不出意外，从节目播出后，就引起了广大观众的注意，所以当在西贝莜面村可以吃到这款挂面后，自然能够引来无数人品尝。但是如果只是空有名气，也只是红一时，没办法长期给西贝莜面村带来源源不断的收益。这就涉及第二点，那就是西贝莜面村对于明星产品的较真程度，为了让面好吃，西贝莜面村的创始人贾国龙几乎到了极端偏执的程度，他要求制作挂面的面粉必须用最贵的河套雪花粉，面条上桌时面汤的温度要维持在57摄氏度左右，用老鸡熬的汤必须要超过5个小时，西红柿必须经过发酵才可以做食材，甚至鸡蛋都必须是圆的。在这样近乎苛刻的要求之下，这款酸汤挂面才能够成为西贝莜面村的明星产品。

从西贝莜面村酸汤挂面的成功经验中，我们可以得知，打造明星产品的第一个前提是，产品本身就是"英雄"，有着过硬的产品质量，有了这个前提，就可以借"时势造英雄"，利用一些社会热点或是名人效应，为自己的产品打造声势。

产品嫁接，增加明星产品新功能

明星之所以被称之为明星，一方面由于他们本身具备闪光点，但另一方面也在于他们消失于大众视野比较快，容易被其他明星掩盖住光芒。

同样，作为明星产品，也会面对这样的困境，明星产品想要保持

"青春永不老"，就要与时俱进，不断更新功能，以满足消费者不断变化的需求。

早在隋唐时期，从日本而来的使者就将我国两大中医学药典《伤寒论》和《金匮要论》背回了日本，经过多年的研究与实验，一直到明清时代，日本才形成了汉方医学，可以说，自古以来，汉方药就在日本的医学中占据着十分重要的位置。

但到了20世纪70年代，人们开始普遍信奉西医，导致汉方医学备受冷落。伊仓产业公司原是一家从中国进口中药的贸易公司，在西方医学的冲击下，中药销路越来越差，大量药品积压在仓库，公司因此陷入了经营困境。

为了摆脱现状，其经营者石川想出了一个将汉方药典与茶馆相结合的方式，在东京开办了一家中药茶艺居。日本人喜欢饮茶，同时也注重养生，将这两者进行结合后，让原本已经落入谷底的汉方药，再次焕发了神采。

汉方药原本味道苦涩难以下咽，但是经过改良后的人参药酒、鹿茸酒以及果汁，都大大改善了汉方药苦涩的味道。将汉方药品与饮料相结合，这就属于产品功能的嫁接，中药和茶并无本质上的关联，但伊仓产业公司能够跳出中药的领域，进行再次创造，开发出新的领域，这给后世的经营者提供了宝贵的经验。时至今日，依旧有很多的店铺都在使用这种产品嫁接的方式，使单一的产品变得更加多元化。

作为明星产品，既要保持自己经典的地位，同时也要不断地进行改良，这样才能跟上消费者日益改变的需求。

第二章

个性化的店铺，是实体店标新立异的招牌

1. 边看书边喝咖啡，混搭出新意

对于业态混搭，有这样一种描述：边喝咖啡边买衣服，边吃零食边买家居，吃顿饭，顺便买一套餐具回家……不同业态之间的混搭，往往能够创造出让人意想不到的惊喜。

在台湾地区的台北市，有一家台湾最为著名的大型连锁书店，名为诚品书店，这是每一个到台湾的人，都会光顾的地方。一个书店，怎么会有如此之大的魅力呢？

一个经常逛诚品的学生说出了他的看法：在诚品书店的音乐类书籍专区，经常会有一些乐队前来演出，爱音乐的读者只需要花很少的钱，就可以享受一场音乐盛宴。在这期间，他偶尔也会买一些音乐方面的书籍回去看，不爱看书的他，竟也把这些书都看完了。一次，他在诚品书店竟然看到了他的偶像陈升的新歌首发演唱会，这令他无比激动，并因此成为诚品书店的忠实顾客，每隔几天，都会到诚品书店买本书充实下自己，顺便在那里听听自己喜欢的音乐，滋养下心灵。

而诚品书店令人着迷的地方还不止如此，当消费者推开诚品书店的大门时，书店特有的书香混合着浓郁的咖啡香味儿，就会首先征服消费者的鼻子。当消费者捧着一本书，找到一个座位坐下，并点上一杯咖啡时，饱满的人文艺术气息就会将消费者层层包围。除此之外，诚品书店还会定期举办演讲、展览、讲座、音乐会等活动，即便消费者不买书，也会被它附带的人文、创意、艺术等拓展活动所吸引。

这就是诚品书店的秘诀！作为一家民营书店，在电子书籍以及电商浪潮的冲击下，依旧能够吸引来源源不断的消费者。

作为实体店，很多时候都需要根据现代人们的兴趣和消费习惯来探索一些消费伴随品，这些伴随品能够增强店铺的特色，让消费者驻足。就像诚品书店，可以通过音乐，让没有阅读习惯的年轻人爱上书店。

诚品书店的多种业态混搭，能全方位地吸引消费者的目光。这种多种业态混搭的经营模式，又称异业合作，就是由两个或两个以上不同的行业进行消费的有机结合，以达到拓展营销的目的。它需要参与者相对独立，但是彼此之间又存在一定的利益共享关系。

对于个体经营的实体店而言，进行多种业态的混搭经营，要涉及更多的资金投入以及人员投入。这时候寻求异业合作伙伴，就成了一种不错的选择。

例如：中信银行信用卡与肯德基之间的跨界合作。中信银行的信用卡有千万用户，以往的活动都是用户用积分兑换礼品，而这一次恰逢肯德基推出了新的豪华套餐，希望有更多的人来品尝。于是双方一拍即合，只要中信银行信用卡用户积分累积到了一定数量，就可以到肯德基兑换一份豪华套餐。在这次跨界合作中，中信银行回馈了老用户，而肯德基也实现了推广新品的目的，可谓是1+1＞2的双赢效果。

由此可见，多种业态混搭的经营方式好处不止一点点，首先可以实现顾客资源共享，共同对抗电商和线下各大品牌；其次可以实现消费者利益最大化，让消费者获得实惠；其三还可以降低营销成本，因为是多方合作，多方投入，自然成本就降低了；最后可以相互利用对方的品牌影响力，提高传播的效率。

但实体经营者也需要注意并不是每种业态混搭都能够成功，因为每种业态都有着自身的经营逻辑。下面列举一些正在尝试多业态混搭的成功案例。

服装业的多业态混搭

服装品牌拉夏贝尔在美罗城的店铺里，除了售卖自己的品牌服饰外，还集合了玩具、盆栽、香氛这些品类，打造出了"拉夏生活态"；广州的无印良品将服饰与生活用品结合在同一个店铺内，商品种类高达5000多种；马克华菲在上海开的第五空间，包含了男装、家居、数码、图书等，还邀请了艺术人士创作油画雕塑，店内有大量的艺术作品做点缀；太平鸟旗下的乐町新概念店，不但集合了时尚、彩妆、美食等，还有哆啦A梦系列用品，同时店内还开设了抓娃娃机、游戏机等游乐设施供顾客放松娱乐。

摄影业的多业态混搭

传统的照相馆通常是由化妆师、布景、服饰提供等方面组成，多业态混搭下的照相馆可以加入咖啡、简餐、展览、讲座、图书、美甲、周边服饰、鲜花、家居等元素，充分将顾客等待拍摄或是等待选片的空闲时间利用起来。例如海马照相馆，就不是简单的照个相而已，而是将摄影、美甲、咖啡、图书、花艺、沙龙集于一体的新型城市艺术美学空间。

鲜花业的多业态混搭

由胡歌代言的野兽派花店，每个店铺都有一个主题，各有一只神兽镇店，产品除了鲜花以外，还有永生花、个人护理品、化妆品、家居用品、食品、珠宝首饰，甚至婴童用品都涵盖其中。花店经营者还可以提供以花艺为核心的品质生活服务，将花艺体验、茶饮、家居、珠宝等结合在一起，打造一种生活态度。

超市业的多业态混搭

2017年，日本全家便利店正式宣布进军健身产业，并于第二年在东京大田区开张了首个健身房，位置就在全家便利店的第二层，与便利店一样，也是24小时营业。

便利店与健身房的混搭模式，让全家在寸土寸金的东京街头找到了新的利润增长点，不但节约了房租，还因为其共同的服务性质，实现了人力资源支出最小化。楼下便利店的员工，可以兼任健身房管理员，楼上的顾客健身完，可以直接到楼下的便利店买水或洗浴用品等。

试想一下，以后我们走进一家便利店，不但可以在里面购物，还可以上楼去健身，或是K歌，甚至还可以将脱下来的脏衣服洗赶紧并烘干，这就是全家便利店正在致力于打造的新的消费场景。

2. 吸引住儿童，就打开了家长的钱包

每个孩童都是父母心中的整个世界，所以只要孩子要求合理，多数家长都会满足，小到玩具、吃食，大到滑板车、自行车等商品，儿童开始拥有绝对的购买权利，从而也对父母的购买行为产生着越来越大的影响。所以，很多商家都将目光放在了儿童身上。

Hamleys是一家拥有百年历史的英国玩具商，在南京拥有一家全球单体面积最大的场景式玩具体验销售中心。在这家玩具体验中心，每天都有真人装扮的"哈姆熊"（品牌形象）站在门口迎接小朋友，并且还会在开门前，选取一名朋友作为店铺开门的摇铃师。为了能够成为这名幸运儿，每天都有小朋友排队等在门口，来完成这项让他们感到十分荣幸的任务。

既然都已经将孩子吸引到门口了，那等开店之后，孩子们又岂有不进之理呢？况且对于孩子们而言，店里面的那些玩具，才是他们更加心心念念的东西。与普通玩具城将玩具全都摆放在货架上不同，Hamleys卖

场内的玩具全部都按照不同的场景进行布置和摆放，与其说孩子们进了一家玩具店，不如说孩子们进了一家游乐场。在这里，他们可以尽情地玩耍，尽情地体验，在玩具枪的售卖区，就有射击场等着小朋友们去体验；在遥控车的售卖区，就有真实的跑道，让孩子们去体验……

总共有20多个娱乐场景供孩子们选择，几乎覆盖了不同年龄段的所有孩子。不仅如此，Hamleys还很重视与消费者之间的互动，服务人员会根据不同孩子的年龄、性格、喜好等，提供定制专属派对的服务。

也许很多经营者会认为：花费这样大的力气给孩子们营造出体验的场景，最后孩子们玩够了，谁还会购买玩具呢？事实上恰恰相反，根据销售数据显示，这些让小朋友体验过的商品销售量，是那些无法体验的商品的100倍，并且还在逐步增长中。

现在不论是商场、旅游，还是农业方面，都在重点推进儿童产业项目，就连拥有近百年历史的故宫博物院也不例外。

2016年6月，故宫文创儿童体验店正式开放，在近200平方米的空间内，展示了上百件专门为儿童设计的故宫文创产品。店内按照功能划分为三个区域，分别为"上书房""互动教学区""家长等待区"。

"上书房"是为年龄较小的儿童设置的活动场所，不但布置上十分具有童趣，同时也十分注重安全性，墙壁、地面、桌椅都有防碰撞设计。"互动教学区"面对的则是年龄较大的儿童，在这里，儿童可以通过动手参与到"文创"开发过程中来，不知不觉中就接受了中国的传统文化，制作材料也都是选用边缘柔滑的材料，最大程度上保证儿童使用安全。在"家长等待区"中，有餐饮服务，还有故宫图书和文创产品，家长可以在这里用餐、赏玩、聊天，一方面可以打发等待孩子的时间，另一方面也能够更加深入地了解故宫的历史文化。

除了这种专门服务于儿童的业态外，其他业态也可以通过吸引儿童，来达到引流的目的。济南市的瑞达超市已经开业一年多了，在这期间，生意虽然没有达到火爆的程度，但人流量却一直很稳定。经过认真的思考，老板乔先生认为带孩子来超市购买商品的顾客，绝大多数也会给孩子买一些商品。如果针对儿童进行促销活动，进而带动家长来此购物，岂不是一种高明的促销手法？于是，乔先生决定针对儿童进行一次有奖问答的促销活动。

活动开始之前，乔先生进行了充分的准备。首先，乔先生按年龄把儿童分为幼儿组和少儿组，并根据他们最喜欢的动画片、书籍、歌曲等多方面内容设置问题。同时，还准备了大量奖品，凡是参与者都有机会领取。其次，乔先生用大量的彩带、彩纸等对超市内进行了大面积的装饰，然后又摆放了大量的玩具。最后，乔先生印制了大量精美的广告宣传单，发放给顾客。

活动正式开始那天，收到传单的家长，认为促销活动既能让孩子增长见识，又有奖品可领，是两全其美的事情，于是纷纷带着孩子来参加活动。很快，活动现场就聚集了很多家长和孩子，场面十分热闹。

等活动正式开始后，孩子们俨然成为活动的主角，用稚嫩的童声回答着主持人的问题。有的孩子回答得十分幽默，引起一阵哄堂大笑，也有的孩子回答得十分巧妙，同样收获许多夸赞声……

活动在热闹的气氛中结束后，孩子们兴奋地挥动着手中的礼品向家长炫耀着，而家长也十分认可这种有益孩子成长的活动。以后需要购物的时候，往往还会选择瑞达超市。

不管是专门为儿童服务的产业，还是要通过吸引儿童引流的产业，都需要在各方面体现出"儿童"特色。

打造儿童喜欢的购物环境

儿童也需要专属感，因此在购物环境的布置上，要从色彩搭配、空间形式、产品陈列等方面去迎合儿童的喜好。

印度尼西亚的坦格朗拥有亚洲首个儿童电影院，这个电影院是专门针对3到10岁的儿童设置的。这家电影院无论是空间的运用，还是灯光、音响等设备，一切都从儿童的需求出发。例如：电影的声音要小一些，楼梯灯是一颗棒棒糖树，在电影院还有游乐场，里面有滑梯、巨型蹦床等儿童喜欢的设备，儿童可以在里面尽情地玩耍之后，再去观看电影。

哥伦比亚亚麦德林市的儿童书店也有别于一般的书店，这里的装修风格既有家庭的氛围，又像游乐园。店内有一堵厚厚的木制墙体，墙体上有上下交错的六角形包厢，孩子们可以从梯子爬上爬下，也可以像钻山洞一样从中间穿过。书店内还有大量的绿色植被，搭配着实木的地板和桌椅板凳，营造出了一种静谧却又充满了活力的氛围。书架的高度与孩子的身高相符，无论孩子们想取下哪本书，都不会遇到困难。

在我国杭州也有一家儿童图书馆，这家图书馆在设计上，则更加充满童趣。超过200平方米的区域内，摆放着各种颜色和造型的书架，有的像小熊，有的像蘑菇，还有各种游乐设施样子的书架，如旋转木马、过山车、海盗船等，让孩子仿佛置身于游乐场所一般。

这种生活场景化的专属感更容易与小朋友建立相对牢固的黏性，进而激发出更多的消费可能。

适合儿童的产品陈列技巧

儿童比成年人身材矮小，并且容易受伤，但是儿童的好奇心却远远大于成年人，看到什么东西都想要去摸一摸，而对看不到的东西，更是要想办法去一探究竟，所以我们经常会见到一些儿童使劲儿踮着脚尖望向柜台里面，有的甚至想要爬上去看看。

因此，经营者在布置柜台时，首先要将儿童的商品摆在较低的位置，以便使孩子一眼就能看到，伸手就能摸到。其次，一些存在安全隐患的产品，要远离儿童的视线，尤其是那些易碎的玻璃品，以及一些带有尖锐棱角的产品，一定要摆放在儿童看不到也摸不到的地方。最后，经营者可以在店铺内开辟出一处儿童活动专区，让孩子们的注意力都集中在玩耍上，以便于家长可以在此期间安心地购物。

比如河北张家口市的万家悦超市，就在儿童用品销售区域专门开辟出了一小片区域，在里面放上了滑梯、秋千等游乐设施，免费供孩子们玩耍。该区域附近除了摆放着母婴用品，还摆放着一些食品和日用品，便于消费者在购物时，还能够看见在儿童活动区域里玩耍的孩子。

面对孩子这个既调皮又缺乏自制力和自我保护能力的消费群体，经营者不但要为他们的安全问题做好全面的考虑，还要想方设法地吸引他们。因为，受孩子欢迎的实体店，才能够走得更远。

给小顾客送上一份生日祝福

没有小孩不喜欢过生日，所以在孩子生日的这一天，也是商家与小顾客联络感情的绝佳机会。如果商家能够在这一天里给小顾客送上一个祝福，那么在家长顾客心中必定会加上许多的印象分。

这里所说的"祝福"有很多种方式，可以是生日当天消费免单，也可以是赠送精美的小礼品一份，甚至还可以为小顾客举办一场特殊的生日会。

北京的巧虎欢乐岛是一家主题儿童乐园，巧虎欢乐岛将每一位小顾客的生日都记录在册。

在小顾客快要过生日之际，巧虎岛的工作人员就会打电话给儿童的父母，告知父母在孩子生日当天到店消费，店里就会为孩子免费举办生日会。这个消息对于爱玩爱热闹的孩子而言，自然是极具吸引力。

到了小顾客生日那天，巧虎岛的员工会将场地布置一番，然后穿上巧虎的卡通服，给孩子唱歌跳舞，还会贴心地准备生日蛋糕，同时还会给孩子备上一份印有巧虎岛LOGO的小礼物。

这种促销方式不但吸引了顾客到店消费，还打了一副温情牌，孩子会记住这个特别的生日会，继而继续续费、消费。

那对于场地有限的商家而言，则可以选择赠送小顾客礼物，礼物的选择需要跟店铺自身经营的品类有关，然后提前通知家长在孩子生日当天前来领取。如果能够配合生日当天购物打折的活动，则能够在情感营销的基础上，进一步激发顾客的购买欲望。

3. 网红时代，怎么能少得了网红店

"网红"这个词这两年非常流行，它指的是在网络上拥有众多粉丝的普通人，"网红店"，顾名思义，说的是在网络和社交媒体上小有名气的店铺。网红店可以分为两类：

一类是网红开的店铺，这类店铺一般都出现在线上。比如，有国内第一网红之称的张大奕，凭借甜美的长相和外向乐观的性格在网络走红后，便开设了自己的淘宝服饰店，日销售额突破1.7亿元人民币，年收入可达4000万美元。

另一类就是店铺自身独具特色，并在网络上走红的线下实体店。这类店铺的店主不一定是网红，也不一定是有网红坐镇，就是商品新奇，在市场上少见，或是装修上别具一格，十分出众。这类店铺，通常人气十分高涨，消费者进行消费时，常常需要排队。

厦门市思明东路一家以泡面为食材的主题餐厅，就是这样的店铺。这家餐厅大约70平方米，装修风格清新温暖，最引人注目的是店内的泡面墙。在这堵泡面墙上，有上百种来自世界各地的泡面品种，消费者可以根据自己的口味偏好看墙点餐，然后再按照黑板上的提示加料。一顿泡面餐下来，大约要二三十元，比自己在家泡一碗面要贵出十倍的价钱，可这恰恰就是吸引人的地方。因为比普通的泡面贵，而且种类繁多，使那些泡面爱好者总想要一睹"芳容"。

还有奶茶界最火的"喜茶"，人们经常把它与星巴克进行对比，甚至说它是中国新型茶饮的代表。而在前几年，喜茶还是一家开在江门路边的小小奶茶店，生意一般，经常一天才有几十块钱的营业额。现在却可以在国际都市上海连开三家店，并且店店爆满。一杯奶茶均价要二三十元，但顾客想要买一杯，往往还要排队才能买到。当排队成为常态化以后，甚至催生出了"喜茶黄牛"这个新职业。"黄牛"代购往往加价几十元，即便如此，火爆的需求还是让这些"黄牛"赚得盆满钵满。

中国有那么多奶茶店，随便一条街上，都有那么一两家，为什么就"喜茶"成为网红了呢？其中很大一部分原因，在于喜茶不单单是将原本苦涩的茶叶做出了让年轻人喜爱的口感，它还营造出一种喝茶的文化，让原本不喜欢喝茶的年轻人爱上了喝茶，这是喜茶的内涵所在。有了丰富的内涵，喜茶还给自己"穿"上了一件华丽的"外衣"。每一家喜茶店，都有着不同的风格，例如：喜茶白日梦计划店里面的装潢就是以黑白灰为主色，给人以无限遐想；喜茶PINK店，里面全部以粉色调为主，一股浓浓的少女风；还有喜茶黑金店，质感与时尚并存，给人以既炫酷又神秘的感觉……坐在店铺内，随手拍一张照片，都是满满的高级感。外表与内涵并存，再加上经营者善于利用各大媒体为自己营销造势，喜茶才能够从一家小小的店面，一步一步成为网红店铺，并进一步成为全国连锁的店铺。

网红店之所以能够受到当下消费者的追捧，很大程度上是因为现在的消费群体中，"80后"、"90后"成为了主力军，而"80后"、"90后"的人群又是追求个性和时尚的一代人，网红店恰恰能够切合这种心理，从外观以及内部的设计上就独具一格，成功掳获了消费者的心。而后又在产品上别出心裁，不但讲究质量，还讲究创新。就拿喜茶来说，新品波波茶，黑糖熬制数小时的珍珠茶饮，制作时间比常规茶饮更长，目前只售不到20元，价格比普通低端茶饮要贵不少，但用料、口感上却比低端茶饮好太多。同时也没有忘记创新，比如将中国传统的茶叶与西方的芝士相结合，创造出不一样的口感，引发消费者的猎奇心态。

那么，作为实体店经营者，如果已经拥有了良好的产品，那么就可以考虑如何让自己的"酒香"飘出深远的"巷子"，成为一家备受消费者关注的网红店了。

营销造势，声势越大越好

一家网红店之所以能够成为网红店，拥有超强的人气和名气，很大程度上得益于事先充分造势，而造势之前，需要我们先将产品的卖点提炼出来，因为这样才能有目的地去造势。提炼自家卖点的方式，就是将自己产品的卖点都罗列出来，然后从中划去竞争对手也拥有的卖点，剩下的就是可以去营销造势的卖点。如果提炼不出来，就说明自家的产品需要进一步改进，增加卖点。

接着，就是推广。首先可以借助本地的线上媒体，进行广告投放。

例如：微信公众号、同城论坛、大众点评、抖音等，产品在同一用户面前的曝光次数越多，获得消费者的转化概率就越大。接着在线下可以做一些促销活动，引发排队现象，也就是进行饥饿营销，对于某些爆款产品限人、限量、限季发售，也是出于对产品原料以及产品制作的考量。为了吸引更多用户去排队购买，可以通过收银人员人为控制操作，人多的时候收银员就动作快一些，人少的时候动作可以慢一点，总之只要能够维持排队热销的场面就可以。

当买一杯奶茶要排一个小时队，并且每人只能买一杯时，不管味道如何，消费者都会想买来尝尝，发到朋友圈炫耀一下。

打造具有辨识度的风格

纵观所有的网红店铺，都有一个共同点，那就是极具辨识度，消费者能够在第一时间与其他同类型的店铺区分开来，比如：奈雪的小资风格、喜茶的简约风格、ZeeTea的高冷风格……除此之外，还有ins风、少女风、街拍风，甚至是土味风格……

打造具有辨识度的风格，一方面可以从店铺装潢上入手，这需要经营者具有一定的审美观，最好是店内每一个角落，都经过精心布置。有一些网红店铺，还会专门开辟出适合拍照的地方，以此来吸引消费者。

另一方面，经营者可以从商品的外观上入手，给自己的产品设计一个"符号化"的包装，所谓"符号化"，就是消费者看到包装就能够第一时间想到该产品。比如：绝对伏特加的瓶身形状，消费者一看到酒瓶形状就能联想到绝对伏特加；喜茶外包装上的简笔画小人，也成了喜茶的符号，都是企业为了让自己的形象更加具有辨识度，而设计出来的符号。

在这方面，经营者可以通过专业的设计师根据自身的产品进行设计，以简约大方，便于传递为最佳。

避开网红店的两大"死因"

将店铺打造成"网红店"，意味着名利双收，因此，许多人削尖了头也要挤进圈子，分上一杯羹。于是，这两年间网红店兴起了一拨又一拨，这其中有不少是风靡一时，但最终还是销声匿迹了。究其原因，不过以下两点：

第一点，产品不出众，导致后劲不足。许多网红店之所以爆红，很大程度上依靠的是出色的营销手段。但营销手段，对于产品而言，只能算是锦上添花，不能够改变产品的本质。所以，若没有足够的产品力，便很容易将生意做成一锤子买卖。比如最早一批网红店铺中的雕爷牛腩，雕爷牛腩用了许多创新的营销手法，如：内测、明星试吃等，也在包装设计、餐具设计上下过功夫。但大众品尝过后，对牛腩产品普遍评价不高，这样就无法使用户自发推荐，自然也无法一直保持热度。另外，网红店通常都会用打造爆品来维持店铺的热度，但是消费者的喜好却不是一成不变，如果店铺的产品无法及时跟上消费者的喜好，那么就很容易造成昙花一现的结果。

第二点，管理跟不上。短期内的爆红可以让店铺迅速打开知名度，但是经营者是否也做好了相应的准备呢？供应链的管控、店员的培训管理、店铺的运营等，这些在店铺客流量暴涨以后，都会产生不小的压力。如果经营管理跟不上，那么就很容易忽略行业本质、房租、食材、人工成本等问题，而这都是导致店铺"死亡"的"死穴"。

因此，小店铺想要做得长久，就需要真正做到产品品质过硬、服务够好、管理够强，才能够在瞬息万变的商业竞争中，长久地保持生命力。

4. 情怀，让店铺更具个人特色

在英国有一家老牌百货公司，名叫John Lewis，迄今已有150年。这家英国公司吆喝的就是它有温度有情怀的品牌，John Lewis品牌广告很多，让大家记忆最为深刻的是一部90秒长的品牌宣传片，广告片以一件红色衣服为线索，巧妙地展示了一个平凡女人出生、襁褓、学步、上学、成长、结婚、生子、变老的情景，充分地展示出了其恒久不变的优秀品质。在当今这个情感营销时代，如何讲述情怀故事、引发情感共鸣、培养忠实粉丝，已经成为品牌的顶层设计核心。

情怀由个人理想升华到品牌气质，在消费者心之所向的抢夺中所向披靡。连一向号称"产品为王"的雷军，也在2015最后一场发布会上畅谈"我所有的向往"。同样，一家店铺要讲情怀，也能够吸引一批有情怀的顾客。

程锐在当地火锅行情最恶劣的时候，开了一家火锅店，名为"正好"，目的只是为了交朋友，让自己平时与朋友相聚，能够有一个舒服的去处。因为有着这样的情怀，程锐的火锅店无论是从外观还是从内饰，都不太像是一家火锅店，门口和屋里都是小清新的文艺风，堆满了各种花花草草。确切地说，"正好"更像是一家咖啡馆。

为了配合店内落地窗的位置，程锐买了两款沙发，一件价值5000元。朋友笑她过于讲情怀却不计成本，不是做老板的样子，程锐却认为火锅店不一定非得是充满了红油和辣椒的味道，也可以是能够让人身心放松下来的僻静之地。后来事实证明，在"正好"火锅店内，最受欢迎的位置，就是那两张高价的沙发。

因为把每一个前来消费的客人都当作是自己的朋友，程锐对食客们的健康问题也很上心。火锅的麻辣和刺激，让很多人将火锅归为了不健康食品，因此为了保证食客们的健康，程锐研制了一款养胃的"栗子鸡汤"，每个前来吃火锅的人，喝酒前先喝鸡汤，成了"正好"火锅店的就餐原则。

要说"正好"火锅店算是"生不逢时"，开在了火锅市场冷到了极点的时候，然而正是拥有了与众不同的情怀，又让"正好"在市场上站稳了脚跟。

永远不过时的传统文化情怀

世界更新换代越快，人们对传统的东西就会越怀念。这不单单是学习的需求，而是在传统的文化中，有过去的历史，有文化的底蕴，值得人们去追寻。

国人烤肉第一品牌"塞北八旗"，就是这样一家具有传统文化精华的店铺。八旗烧烤与满汉全席在清朝都是贵族才可以享用的美食，当时为了满足满汉两族的口味，御厨遍访天下，收拢八方食材，集合南北口味塑造出全膳食型国人烧烤。

经过了320年历史的传承，"塞北八旗"在保证原有口感鲜美的基础上，营养更丰富，成为集美味、养生、天然为一体的特色佳肴，开业即火爆，很快声名远扬。在现代餐饮行业中，已经很难找到如"塞北八旗"一样深具文化内涵的美食了。

人人都有怀旧的情怀

怀旧的东西，是最容易卖钱的。人们愿意因为怀旧或者情怀买单，一方面是因为信仰，一方面是因为想寻找当初的感觉。与其说是人们喜欢过去的事物，不如说人们更加怀念那时候单纯的快乐。小时候要攒很久的钱才能买到的东西，现在可能不费吹灰之力就能得到，但是却买不到那种快乐的感受了。

所以现在很多店铺都打起了怀旧的情怀牌。任天堂曾发布了一款红白游戏机，这款游戏机是他们生产的第一款游戏机，是一代人重要的回忆。所以这款游戏机一经上市，很快就卖光了。意大利的大卫·孔韦尔蒂诺为了年代更加久远的复古游戏，前前后后去了四次日本，因为复古的游戏能够带他回到童年，令他重温童年的快乐。

现在日本又掀起了一股购买复古电子游戏的热潮，那些痴迷的玩家，不但收集卡带游戏，还收集早期的游戏机，只要是能够引发怀旧情绪的，他们照单全收。虽然按照全球的游戏市场来说，复古游戏只占其中一小部分市场份额，但收入仍旧非常可观。

20世纪80年代，北冰洋冷冻食品有限公司生产了一款塑料袋包装且价格亲民的冰淇淋，售价仅1元，人们亲切地称之为袋淋。人们通常都是买回家，倒到碗里，然后用勺子挖着吃，在没有冰箱，没有空调的年代，吃一个袋淋，绝对是夏天最美的享受。

后来随着市场上冰棍的种类越来越多，口味也层出不穷，袋淋渐渐失去了市场。现在承载着北京人美好记忆的北冰洋袋淋"重出江湖"，一跃成为冷饮市场上的明星单品，虽然单价已经从1元涨到了6.5元，但还是供不应求，甚至一度引发了"黄牛"的出现。

难道是因为现在冰棍的口味越来越差了吗？当然不是了，相反，正是因为现在的冰棍种类齐全，味道也丰富，反而让人越来越怀念当初那种单纯的口感。因为情之所系，所以有所感怀。

知名营销人士叶茂中曾说："感性的诱惑，比理性的说服更加重要。"如果经营者能够成功挖掘出目标消费群体10年前、20年前，甚至更长时间的共性集体记忆，找到并唤起这一群体共同的回忆并产生共鸣的效果，怀旧就成了资源，消费者有了认同感和归属感，经营者也便由此找到了新的市场。

5. 让你的店铺成为整条街最靓的风景线

在北京富力广场五楼，有一家KFC甜品店，这家KFC甜品店与传统的KFC在装修风格上有很大不同。

首先从颜色上抛弃了KFC最常用的红色色调，选择了与之相反的Tiffany蓝，蓝色的墙面、蓝色的点单台、蓝色的椅子，所有的一切都被蓝色"包裹"着。其次从座椅上也做出了改变，平日里常见的沙发椅变成了"胖墩墩"的小凳子。

现在餐饮业行业竞争越来越激烈，就连拥有"大佬"地位的肯德基，也不得不频频"变身"，以吸引消费者的注意，从而在众多品牌的更新迭代之中站稳脚跟。在早些年的时候，大家主要走的是装修设计的CIS化，即企业形象辨识系统，为的是突出企业的形象，因此店铺的装修风格都是按照统一的形象识别进行打造。而到了近几年，实体店的店铺装修开始寻求突破和创新，在色彩、布局、装饰品、布置物等环节上大做文章。

在人们的记忆里，那些贩卖自行车的店铺，大多都是一进去就能看到一排排整齐排列着的自行车，除此之外，顶多就放一些关于自行车的配套产品，如：座套、车铃铛等。作为自行车的老品牌，永久自行车走了一条不同寻常的路，开了一家单车咖啡馆，在装修上，处处体现出自行车元素：复古的车间设计、彩色的车轮、装饰成兽首的把手与坐垫……咖啡杯也与众不同，是20世纪国有工厂师傅用的搪瓷缸子。整体上看，都是以工厂里常见的铁架与铁网为主调，然后在适当的位置，摆上自行车进行装饰。

还有一些店铺的装修，则侧重于在细节上取胜。小米之家的装修，从大体上看，与其他电子产品体验店没有什么不同，但从细节上看，则有很多的新奇之处。比如：小米之家设计了一个实景体验区，在这个实景体验区，消费者可以感受到买回家后使用时的效果。除此之外，店内还设置了很多可供休息的沙发，以及设计奇特的座椅。这可是一个不能忽视的细节，除了伊藤华堂外，几乎没有几家实体店能够做到在每个楼层都设计上座椅。但就是这些看似不起眼的细节设计，让小米之家在用户体验上更胜一筹。

在大多数店铺的装潢都呈现出同质化与简单化的情况下，如果你的店铺呈现出不一样的视觉效果，具有新意，那么就一定能够吸引顾客。因此，在开店之前，建议经营者多观摩其他店铺，仔细研究一下，自己的店铺要呈现出什么样的风格？招牌用什么材质、什么字体？橱窗要怎么设计？

精心设计的外观

精心设计店铺的外观，除了可以吸引来往过客的目光，还可以很直观地告诉顾客自己卖的是什么，同时，还能够反映出店铺经营的特色和服务的传统。因此，店铺在装饰时为自己设计一个顺应时尚潮流、推陈出新的广告招牌十分有必要，这样可以加强消费者的印象，便于传播。

除此之外，店门也是可以大放异彩的地方。在肯德基的店门外面，有一个白胡子上校；在麦当劳的店门外面，有一个穿着小丑服装的麦当劳叔叔。顾客们不用抬头看头顶上的招牌，只看到这两个人偶，就知道自己来到了肯德基或是麦当劳。所以在店门口放一个贴合店铺形象的卡通人偶，十分有助于顾客识别自己的店铺。

若是资金有限，也可以在门口摆一些有特点的植物。比如"花开的声音"这家花店，就在店铺的木质门旁边摆放了很多别致的盆景，门头还用插好的干花做装饰，很有一种曲径通幽的气氛，在一众店铺中十分抢眼。

及时更换橱窗内容

很多实体店都有一面临街的窗户，经营者往往会将其布置成橱窗，用来展示店铺内的产品。如何用橱窗来体现店铺的特色呢？首先要做到及时更换橱窗里的产品，因为长期不更换橱窗里的产品，只会让消费者误以为橱窗里的产品是"卖不出去"的产品。因此，不管橱窗里的商品销量如何，都应该保持每一个星期更换一次。同时，作为背景装饰的小饰品及背景板，也应该及时更换。

另外，橱窗也是能够向顾客传达信息的一个"窗口"，顾客能够通过橱窗的展示效果，对产品进行更深层次的了解。"安娜的鞋柜"是一家专门销售高档女鞋的店铺，店主崔安娜十分注重橱窗的展示效果，并且她还会根据时下人们比较关注的热点来布置橱窗。

曾有一档综艺节目，是向观众展示明星的衣柜，引起了很多的人的注意。安娜也从中受到启发，将橱窗布置成开放式的鞋柜，将不同风格，不同颜色的鞋子整齐地码放在鞋柜上。来往的女性顾客，无不露出向往的神色。在情人节到来之前，橱窗又会变成礼物的展示台。安娜会挑出店内一两款比较适合当作礼品的鞋子，放在精美的鞋盒里，然后再放一些羽毛、水钻做装饰，最后将礼物盒子放在毛茸茸的彩色毛毯上，再配合以柔和的灯光，鞋子就变成了女性顾客眼中最完美的礼物。

精巧的橱窗设计，不但可以使店铺更具特色，还可以为顾客提供购物灵感，让购物过程更有趣更完整。

在产品陈列上下功夫

普通的产品陈列方式，只能满足顾客的购物需求，但却无法满足顾客的"猎奇"心态，所以现在很多店铺都别出心裁地按照主题来摆放商品。

而主题需要相应的场景来衬托，比如在圣诞节期间，就可以在店铺内摆上一棵圣诞树，旁边放上圣诞老人，然后在圣诞树下，还有圣诞老人身旁，摆上一些适合做礼品的产品。一来，满足了顾客视觉上的享受，二来，也满足了顾客的消费需求。

除了用主题的形式进行商品陈列外，还可以通过创意的方式来展示产品，这一点水星床品做得也很不错。李丽娜女士所开的水星床品店，在百货大楼内，周围都是卖床品的商铺，产品的种类也都差不多，顾客要么就是选择自己熟悉的商家进行购买，要么就是挨个逛一遍，最后选择一家性价比高的购买。李丽娜知道，自己若想和其他同行区别开来，就得花点心思。

由于之前学过服装设计，所以李丽娜将注意力放在了那些花花绿绿的床单上。她请来了一批模特，然后用店内的床单围在模特身上，经过李丽娜的双手，模特就仿佛穿上了"衣服"一般。然后李丽娜让穿着床品的模特在店门口站成一排，很多顾客一出电梯，就会被她店门口的模特吸引，径直走到她的店里来。

后来，李丽娜还根据床单不同的花色，给模特设计出不同的服装风格。很多顾客除了对她的床上用品感兴趣外，对她设计出来的"服装风格"也很感兴趣。这一招创意展示，令水星床品一下子成了整个楼层的"红人"。

第三章

品牌式的服务，是实体店不可撕掉的标签

1. 跟着海底捞学，将服务做到极致

当下的商业环境中，实体店经营者不仅仅要面对与电商的竞争，还要面对同行业店铺的激烈竞争。在这种大环境下，商家服务的好坏与否，往往是决定生意是否能成交的决定性因素。

因此，很多店铺都开始提升服务的质量，这虽然能为顾客带来美好的体验感受，但同时，也会导致同行业店铺服务同质化的现象，这就加剧了店铺之间的竞争。所以，在这种竞争的大环境中，店铺的标准服务已经开始对顾客失去吸引力，而要想从众多的竞争对手中脱颖而出，还需要进行一些超出预期的服务才能为顾客制造一些惊喜，从而达到吸引顾客的目的。

最先认识到这一点的是海底捞，并凭借超出顾客预期的服务，在火锅界占领了一席之地。海底捞的服务究竟有多好呢？

有人带着宝宝到海底捞用餐，服务人员全程都站在宝宝身边，一方面防止宝宝出意外，一方面能够让顾客安心用餐。当宝宝用完餐，觉得无聊时，服务人员又及时拿来了一个益智的小玩具送给宝宝，让宝宝打发时间。

还有一个顾客一个月之内跟朋友去了三次海底捞，在第四次去的时候，店铺经理走过来说，为了感谢他对海底捞的支持，这顿由经理请客。

就是这样做到极致的服务，才让海底捞在众多的火锅中突围而出。很多跟风者也纷纷效仿，但是真正超越海底捞的却没有。海底捞的创始人张勇是从卖麻辣烫起家的，从一毛一根的麻辣烫中，张勇悟出了一条准则：如果顾客吃得开心，就会夸你家味道好；如果觉得你冷淡，就会说难吃。服务会在一定程度上影响顾客的味觉。

这句话从餐饮业到任何一个会涉及服务的行业都适用，不管顾客是在餐厅消费也好，还是在商场消费也好，能够左右消费者心情和满意度的，还是人为因素，也就是服务。那么，实体店经营者，要从哪些方面去提高自己的服务，并且将服务做到极致呢？

真正用心的服务意识

看到海底捞的成功，其他店铺都意识到了服务的重要性，想方设法地去提高自己店铺的服务水平。而要提高服务，首先要提高的，是服务的意识，只有服务意识增强了，服务的水平才能提上来。

那么什么是服务的意识呢？就拿洗车这件事来说。

有这样两家洗车行，一家洗车行的洗车费用是15元，另一家洗车行的洗车费用是30元。收费15元的洗车行老板为了节约成本，只能在各方面缩水。员工方面，只能雇佣对薪资要求较低的中老年妇女，因为薪水低，她们的服务意识也没有那么强，只想着把车洗干净就行，对顾客的态度一般般。

而收费30元的洗车行老板，在保证了成本的同时，将服务摆在了首位。店内除了准备休息椅，还常年备着饮料、点心和杂志。员工方面雇佣的都是年轻力壮的姑娘小伙，对他们的要求是干活要仔细认真，不管是车外还是车内，还是犄角旮旯，全部给顾客清理干净。同时对待每一位客人要做到笑脸相迎，让顾客有宾至如归的感觉。

作为顾客的你，更愿意选择哪家洗车行呢？相信大多数人都愿意选择洗车费用是30元的洗车行，因为同样是花钱洗车，虽然价钱上贵了一倍，但收益却多了不止一倍，不仅车洗干净了，还能享受到无微不至的贴心服务。

服务意识就是经营者在给顾客提供服务的时候，所表现出来的热情主动与周到，是一种发自内心的，愿意为顾客服务的欲望，有这种欲望的存在，就能够在与顾客相处的过程当中，发掘出顾客需求，并主动为顾客提供服务。

大多数出租车司机，都以车辆内部干净卫生、没有异味、不宰客作为服务的最高标准。而在北京刚跑出租没多久的赵华光却不这样认为，他的出租车与普通出租车在外观上没有什么不同，但是内部却别有洞天。

坐在赵师傅的出租车上，如果顾客手机没电了，那么就有适用于各种手机机型的数据线可以免费使用；如果顾客渴了或是饿了，就有矿泉水、饮料，及各种可以饱腹的小零食，甚至还有冰镇的汽水。如果顾客需要在车上办公，那么前座椅后面的挡板就是为顾客准备的"办公桌"，只要放下来，就是一张小桌子。如果顾客困了，想要睡觉，后座上就放着颈椎枕和一个薄毯。

赵师傅之所以能够将服务做得如此周到，源于他那颗愿意为顾客服务的心。起初，赵师傅的出租车与其他出租车并没有什么不同，直到有一次他接到了一个从大兴区到首都机场的顾客，顾客要赶飞机，所以没顾上吃饭，上车后，就一边啃干巴巴的面包，一边将笔记本电脑放在膝盖上办公。这让同样是打工仔的赵师傅内心很不是滋味儿，于是他就开始琢磨着如何能让顾客在短短的旅途中，享受到如家一样的舒适，这一想，就将小小的出租车做得像"移动宾馆"一样了。

后来赵师傅就专门跑机场路线，没多久，就积累了一批固定客户。赵师傅不但不用像其他出租车师傅那样到处趴活，而且收入还很可观。

由此可见，只要用心，服务意识就会"不请自来"，而一旦服务水平上升了，那即便是小小的出租车内，也有大大的商机。

超人性化的服务细节

截止到2015年，中国游客出境旅游的目的地中，日本占据了第一的位置。除去环境、购物这些因素，能够吸引中国游客的，还有日本人那超人性化的细节服务。同时，不可否认的是，日本的服务水平非常值得我们学习。

日本许多消费的场所，进去之前都需要脱鞋，在顾客脱掉鞋子之后，服务人员的第一个动作就是将鞋子的方向调转过来摆好，可以让顾客离开时，穿上鞋便走。还有在日本的游乐场所，从来听不到"×××的孩子走失，请家长到服务台认领"的广播，倒不是孩子在日本游乐园不会走失,而是服务人员选择了另外一种方式帮助孩子找寻父母。他们会先用糖果、玩具等哄着孩子,让孩子停止哭泣,然后再仔细地询问孩子有关父母的信息。如果孩子表述不清楚,服务人员则会拿出印有爸爸妈妈等人物还有印着各种服饰的卡片让孩子指认,当关于孩子家长信息的细节被确定后,服务人员就能够很容易地找出孩子的家长了。

将别人做不到的地方做到,将别人做不好的地方做好,将别人想不到的地方想到,就是服务细节化。

将顾客的等待时间,也划入服务范畴

当商家能够做到环境一流、产品一流、服务一流、价格合理时,那就离顾客排队等位不远了。这时,经营者就要考虑,顾客在店门口等位的过程中,能够为顾客提供怎样的服务呢?

很多需要排队等位的餐厅门口,只摆了几张普普通通的塑料凳,顾客坐在上面,除了无聊地看看手机,就是站起来四处溜达一下,而在溜达过程中,如果被其他店铺吸引,从而放弃等位的情况也不少见。

造成顾客流失的原因,就在于没有充分利用好顾客等位的时间,认为只有顾客进到店里才需要被服务,而在店外时,就不需要。事实上真的不需要吗?看看海底捞是怎么做的。

到海底捞用餐,等位是经常遇到的事情。为此,海底捞专门在门店外划分出了等待区。在等待区内,有舒适的椅子,椅子旁边有桌子。只要顾客坐下,就有服务人员拿来果盘、小食品,同时端来饮品。在小桌下面的隔层上,还放着报纸、杂志、扑克、跳棋、拼图等等,让顾客用来解闷儿。

如果这些都无法引起顾客的兴趣，那么也没有关系。海底捞还雇用了美甲师，女士可以享受专业的美甲服务，而男士则可以抽空享受下擦皮鞋的服务。不仅如此，为了不让顾客觉得等待时间过长，海底捞还会不断向顾客提供等待的信息，顾客可以清楚地知道在自己前面还有多少位顾客在等待，自己还需要等多久才可以用餐。

　　可以说，只要顾客一脚踏进了海底捞的"领地"，就被海底捞划进了被服务范围，连顾客的等待时间也不放过，才让海底捞做出了有口皆碑的服务。

2. 打造让顾客流连忘返的购物环境

在美剧《老友记》中，有这样一个经典的场景：剧中的几位主角经常在一家名叫"中央公园"的咖啡厅聚会聊天，这家咖啡厅的布置十分温馨，除了必要的商业需求布置外，坐在这家咖啡厅里，更像是坐在自家的客厅里，有宽大舒适的沙发，实木的茶几，挂着照片的背景墙，还有恰到好处的柔光。聊到兴起时，还可以在里面唱歌跳舞。

这样的场景，仅仅是看着，都会让人心生神往。事实上也证明，当一家实体店铺能够营造出让人流连忘返的购物环境时，可以有效地提升顾客的购买率和回头率。

在营造购物环境方面，星巴克可以说是实体店里的佼佼者。对于咖啡店而言，气氛的营造很重要，所以每一个经营咖啡店的经营者都很注重店内的装潢设计，与一些装修环境非常好的咖啡店相比，星巴克并不是十分突出，可每一个到星巴克体验过的人，都会被星巴克所吸引，星巴克总是人满为患，还经常出现断货的情况，可它似乎就是有一种魔力，深深吸引着消费者。

那么星巴克的魔力究竟是什么呢？那就是舒适。

在户外气温非常低的情况下，星巴克会将室内的暖气开得十足，消费者只要一进来，就可以脱掉厚重的大衣，自如地活动。同时，在消费者走进星巴克的那一刻起，星巴克的WI-FI就会自动连接上，完全不用消费者刻意去询问WI-FI密码，或是在店内到处寻找贴着WI-FI密码的纸条。这种不受任何拘束的环境体验，让很多有办公需求的消费者将星巴克当作了自己外出办公时的首选场地。另外，不管消费者以怎样的形象出现在星巴克内，都不会被服务人员盯着看。

星巴克的CEO曾在其著作《将心注入》中说过，星巴克为了给顾客提供足够好的环境，牺牲掉了很多营业额。此话一点也不假，在霍华德·舒尔茨二次出任星巴克CEO的时候，曾将为星巴克贡献过巨大销售额的三明治从星巴克的餐单上去掉了，原因就是三明治的香味儿一度超过了咖啡的香味儿，而星巴克是一家咖啡馆，顾客希望自己置身于咖啡馆中，而不是早餐店中。

还有宜家，除了为顾客提供了多元化的体验之外，在塑造购物环境方面，也是缔造了一个神话。

在宜家购物除了无拘无束，自由放松外，里面的温度、湿度也控制得刚刚好，即便每天的客流量都十分大，但是空气中却没有明显的异味。就算是带着小孩去逛宜家，也不会感到累或是不方便，因为在宜家有专门的母婴室。在母婴室内，有宽大舒适的沙发可供哺乳期的妈妈哺乳。有换尿布台，上面还贴心地准备了一次性的隔尿垫。有流出来就是温水的洗手台，洗手台下还放着高低凳，方便儿童洗手。

在宜家逛饿了，就可以直接到餐厅用餐，虽然用餐的人很多，但是等待的时间却不是很长，更重要的是，在宜家的餐厅里，餐桌上始终保持干净卫生，不会因为用餐人员过多，餐桌上就存留饭粒、油污等。

因为购物环境营造得不错，所以很多人将宜家当成了休闲的场所，即便没有什么想要买的东西，也会经常去宜家逛逛，看看有没有什么可买。

可见，实体店向体验型转型是大势所趋，营造一个能够打动消费者的购物氛围，能够产生让消费者流连忘返的效果。那么，经营者要怎么进行转型呢？可以从以下方面入手，简单来说，就是能够让顾客感觉如到家般舒适，既能购物也能增长知识，满足精神需求，逛得累了饿了，还有休息和吃饭的地方。

营造"家"的氛围

现在很多实体店铺都在打造"家"文化，努力在店铺中营造出"家"的氛围。要打造"家"的概念，首先从视觉上，给顾客"家"的感觉；其次，要会讲"故事"，将一些带有记忆色彩的摆件放在店铺中，可以让顾客由此联想到生活中那些温馨的场面。

在这一点上，宜家家居是个非常典型的代表。从沙发的位置，到书桌的摆放，再到书桌上摆放的全家福照片，还有床头小小的阅读灯，其陈列和环境布置的每一个细节，都将"家"的概念融入其中。

经营者在具体打造的过程当中，首先要有良好的硬件设施，从顾客需求的角度打造场景，其次就是烘托气氛，否则打造出来的场景就是冰冷的、毫无生活温度的，这样无法吸引消费者，只有充满人情味儿，到处散发着生活气息的场景，才能够让消费者沉浸其中。

营造互动式的生活场景

在新零售崛起的时代，商品售卖已然成了初级阶段需要完成的目标，更高阶段的目标，应该向售卖生活场景转变。相对硬件配置和气氛烘托，人与人的互动是更高层面的场景营造元素。

从深圳起步的天虹商场，是一家连锁的百货企业，现在已经在全国各地拥有70多家连锁店。与传统的百货商场不一样，天虹商场的经营并不是以"商品"为导向，而是将售卖思维聚焦在消费者的生活场景上，在天虹商场内，有时尚餐饮区，有真实的厨房与餐厅，在这里顾客可以参加美食课堂培训，也可以将购买的生鲜食品进行加工。

巴西有一家名为Zona Sul的大型连锁超市，将位于里约热内卢的旗舰店里的蔬菜货架，改造成了一个种植着新鲜蔬菜的"菜园"。顾客在购买蔬菜时，不但可以亲眼见证蔬菜的新鲜度，想要买菜，还需要自己动手摘取。这令顾客不得不相信，Zona Sull的蔬菜确实十分新鲜。

不管是天虹商场的时尚餐饮区，还是Zona Sul的新鲜菜园都紧紧抓住了与顾客之间的共同利益点，利用巧妙的沟通方式，将顾客与店铺紧密地结合了起来。

开辟出休息的场所

在传统的实体店中，顾客逛累了，经常找不到休息的地方，要么忍着累继续购物，要么就打道回府。如果店铺内有可供顾客休息的场所，那么顾客是不是就能够多逗留一些时间呢？因此，在店铺内给顾客开辟出一片休息的场所，就显得尤为重要了。

　　开在河南的胖东来超市，就想出了一个绝招。他在购物车上加了一个长板凳，当顾客推着购物车走累了，就可以直接坐在长凳上。还有一些商场，了解到在逛街途中，最先感到累的是男士，于是就开辟出专供男士休息的场所，有的甚至还准备了一些游戏机供男士娱乐。

3. 天下有免费的"午餐"，专为顾客准备

"天下没有免费的午餐"是人们经常挂在嘴边的一句话，意思是说，不论做什么事情，都必须付出相应的努力才能获得成功。如今，经营者不断在促销方法上推陈出新，推出了多样的免费服务，比如免费送餐、免费品尝、免费赠送等等。其实，种种免费的"午餐"背后，都是商家为了赢得顾客的好感，并吸引其来店铺购买商品的一种手段。

就拿化妆品行业来说吧。化妆品的主要消费群体是女性，那么影响女性购买化妆品的首要因素是什么呢？是她们与化妆品之间"肌肤相亲"，因为不管营业员如何巧舌如簧，如何将产品的成分倒背如流，都比不过化妆品真正用到顾客脸上，并产生良好的效果，更加让消费者动心。消费者可能记不住这款护肤品有什么样的功效，有多么昂贵的成分，但是当她们将化妆品轻轻拍打在脸上，亲自感受到化妆品的易吸收、不油腻，亲眼看到皮肤变得柔润细腻时，比营业员说一万句推销的话语都有用。所以，不管是多么贵的化妆品，我们都能够在专柜上看到

试用装。

从产品层面来说，免费体验可以让消费者经历一个真实的过程，在这个过程中，消费者可以更加了解产品的信息，如果消费者在使用的过程中感觉良好，那自然就会对产品产生好感，并成为产品的拥护者。更何况，在免费体验的过程当中，还能够产生不少间接消费，产品辅助的耗材或是相关的设备，在用完之后还需要重新购买，无形中，可以带动相关产品的销售。

但免费体验式的消费并非无限制的，能否将顾客在免费体验时产生的真实感，转化为顾客长期的购买需求，这对经营者来说，是一项考验。首先，对免费体验的产品或是服务，经营者在质量上一定要有十足的把握；其次，虽然是免费体验，但是在服务方面，也一样要热情周到。那么，作为经营者，我们还可以解锁哪些免费的新招数呢？

免费赠送模式

吴兵在西安大学城附近经营着一家自行车行，由于大学城占地面积大，学生宿舍与教室之间距离远，所以吴兵的生意很不错，尤其是到了开学季，他跟店员两个人常常有些忙不过来。

也许是见吴兵生意好，没多久，在吴兵店铺旁边，也开了一家自行车行，消费者一旦有了选择，吴兵就不再占据唯一的优势了。于是，吴兵开始琢磨如何才能打败竞争对手。经过几天的观察后，吴兵发现很多学生买了自行车之后发现问题，喜欢到最初买车的地方维修，而店铺经营者通常都会收取一定的维修费用。

于是吴兵就想，如果自己免费维修，会不会吸引来一部分顾客呢？

答案无疑是肯定的。因此，吴兵很快就制作了一幅广告贴在商铺外面，上面写着：凡是在本店购买的自行车，在一年内免费保养和维修。

为了让更多顾客知道这个消息，吴兵又制作了几百份宣传单，在大学校园里以及附近发放。不出几天，几乎整个大学城的学生都知道了附近有家自行车店铺提供免费保养和维修服务。有的学生就抱着试一试的态度来吴先生的店铺维修自行车，看看是否真如宣传中所说的那样完全免费。在此之前，吴兵一再叮嘱店铺的工作人员，一定要用心为每位顾客服务。

吴先生的店铺实现了自己免费的诺言。这令学生大为欣喜，以后凡是有需要修理自行车的同学，就有人主动向其推荐吴先生的店铺。

从此，吴兵每天都要接待大量需要保养或者修理自行车的顾客，但吴兵并没有因此而有丝毫不耐烦，而是十分耐心地做免费服务。只是在做免费服务的过程中，他会找合适的机会向顾客推销自己店里的自行车、车锁、车铃等相关商品。

不论什么样的免费赠送服务，对于长久的享受者来说，大多数人会产生一种过意不去的心理，总想找机会回报。吴兵就是抓住了人们这一心理，先进行免费维修，等与顾客建立关系之后，再找机会推销店里其他商品，这就是免费体验给经营者带来的好处。

免费试用模式

免费试用是电商经常使用的招数，即付邮费就可以免费领取试用装。对于实体店铺来说，经营者可以让消费者到店领取试用装。

青苹果化妆品店的经营者曾红女士，最近引进了一款新产品，感觉该产品虽然很好用，但始终都没有打开知名度，于是便联系厂家，希望厂家能够赠送一些样品。随后，厂家很快便寄来了一批样品，拿到样品后，曾红将样品分装在几个精致的小箱子里，再把一叠写有店铺地址、电话的商品宣传单放入小箱子里，然后请店员到附近的小区里进行免费赠送。

一个星期左右，这批样品就给曾红女士带来了七八个回头客。就这样，新商品的销路被打开了。

当然，这种免费试用的模式，也是需要门槛的，不是任何一个人都可以领取试用装，比如曾红女士的化妆品，领取条件就锁定在20岁左右，有一定经济基础的年轻女士。

交叉补贴的免费模式

这种免费模式是一方收费，而另一方免费的方式，比如一些酒吧在经营的过程中，就会选择这种方式，通常都是男士收费，女士免费；还有一些场所，是儿童免费，家长收费；还有一些中介服务，比如租房时，出租方可以免费发布消息，但承租方想要从中介这里租走房子，却需要支付一定的中介费用。

4. 第一时间满足顾客的需求

"名创优品"的创始人叶国富经常到旗下的实体店铺中观察顾客，他发现，在顾客付款之后到走出店门那几步之间的面部表情暗藏玄机，如果顾客是面露喜色地翻看着手中的购物袋，那则说明他们很满意这次购物；相反，如果顾客在这几步路中，面无表情甚至是面露难色，则说明他们对这次购买不太满意。

据此，叶国富创造了一个新词——顾客表情指数。在叶国富看来，实体店经营成败的核心，就在于收银台到门口这5步距离。顾客购物时，他的手伸向商品的那一刻，顾客脸上的表情，就决定了一家店铺的"生死"。

仅仅5步的距离，可能只是一个眨眼的功夫，如此短的时间，这就意味着经营者要从顾客进店的那一刻开始，就关注顾客的表情指数，并在第一时间对顾客的需求做出响应。

质量管理界提出的质量管理八大原则中，其中首要的原则就是"以顾客为关注焦点"，关注顾客的首要任务就是满足顾客的需求或是期望，而且是越快越好，因为这些满足决定着消费者对店铺服务的印象与评价。

销售大师乔·吉拉德对顾客的关注程度，可以从店内一直延续到顾客离开以后。每位乔·吉拉德接待过的顾客，在乔·吉拉德这里都会有详细的个人信息，以及所购买车辆的一切信息。他对每一个销售员说，只要是顾客从他这里买的车子出现了问题，要在第一时间通知他。接到通知的乔·吉拉德往往会在第一时间赶到顾客身边，一边监督维修人员将车子修好，一边安抚顾客的情绪，并向顾客保证，一定会将车子修理好，绝不放过任何一处细节。

服务的质量与顾客的满意程度是一对不可分割的孪生体，而好服务的重要考评标准之一，就是及时性，不管何时何地，顾客有了需求，服务便第一时间跟上，这样才能让顾客对服务的满意指数直线上升。

那么，经营者要在第一时间满足顾客的需求，都需要在哪些方面做努力呢？

重视顾客的疑虑和抱怨

麦肯锡咨询公司在访谈了中国44个城市的上万名消费者后，得到的结论就是：中国人在消费上越来越挑剔了。这给了实体经营者一个重要的启示，那就是不能无视顾客的挑剔。对此，同程旅游公司推出了一则招募"首席吐槽官"的活动，这个活动的口号是：动动嘴皮子，找找吐槽点，提提小建议，出去旅旅游，就能轻松赚百万。

对于"槽点"，大部分公司都会选择掩盖，毕竟这意味着公司本身存在不足之处。而同程公司的创始人吴志祥却不这样认为，他认为想要把公司做得更好，仅仅依靠公司内部的自检系统来把控产品和服务的质量是远远不够的，更重要的是用户的看法。

经过4个月的选拔，最终"首席吐槽官"凭着吐槽最多，且吐槽质量最高脱颖而出，年薪100万，聘期为一年，主要的职责就是广泛收集客户的投诉、抱怨以及问题的反馈，然后基于客户的反映，从中找到问题的关键，并提出切实可行的应对措施和解决方案。

对于有问题的旅游线路，亲自深入跟踪，以普通旅行者的身份，找到该线路中的优点和不足，然后再制定出解决方案，并切实有效地执行出来。

"千金买骂"可谓是闻所未闻，但是这种行为的出现，却是商家用户思维的最好体现，是基于对自身服务质量的高水平要求，也是实体店的服务水平能够不断攀升的基础。

拓展服务的领域

7-ELEVEN便利店的创始人铃木敏文先生将便利店称之为年轻人和上班族的"自家冰箱"，意为在早7点至晚11点，人们可以买到任何想吃的东西。而现如今，便利店的职能早已经超越了"冰箱"，成了一个什么都有的"万能超市"了，是人们的一站式生活服务平台。

比如，7-ELEVEN便利店里安装了ATM机，据统计，7-ELEVEN里的ATM机平均每天的交易次数是120次左右。与在银行里排队取钱相比较，人们更倾向于在7-ELEVEN取钱，因为在7-ELEVEN排队不会荒废了等待的时间，可以抽空浏览下货架，这大大缩短了人们的心理等候时间。

所以现在很多便利店都在拓展自身的服务范围，力争在顾客感到有需要的第一时间，就满足顾客的需求。类似于在店内安装ATM机的做法，便利店内还可以充缴话费、水电费，可以帮忙收寄快递，可以打印文件，还可以代买演出票等。

这些拓展出来的服务，虽然不能为店铺带来多少收益，甚至没有收益，但是却可以给店铺带来很多看不到的好处。要知道，大部分消费者不会在取快递时只取快递，往往还会选购一些商品。

拓展服务范围的做法并不仅仅限于便利店使用，其他经营业态的店铺也可以根据自身经营的产品与特点，将自己的服务范围扩大，比如：经营药店，就可以拓展测量血压血糖、代办理医院挂号等服务。

提供完美的售后服务

乔·吉拉德从来不屑于做"一锤子买卖"，只要是他的顾客，那么他就会负责到底。因为乔·吉拉德明白一个道理，那就是顾客的满意程度是一个相对的概念，在特定的时期、特定的环境下，顾客是否满意，不在于经营者做了什么，而在于经营者比同行多做了什么，或是少做了什么。换句话说，就是你比别人好，就是好，"不好"也是好。

在廊坊市有一条专门从事小电器售卖的商业街，有两家毗邻的门店，他们经营的商品都差不多，但是在顾客心中的满意度却是天差地别。其中一家树海电器的老板姓朱，每次有顾客要求送货上门时，他都会将商品送至指定的位置，然后细心地指导顾客使用，离开时还会将自己的电话写在产品说明书上，叮嘱顾客出了问题第一时间联系他。当顾客真的联系他时，他会立刻放下手中的事情，先将顾客反馈的问题处理好，若是需要维修，绝不推三阻四，只要顾客觉得方便，就会立刻上门维修。

另一家大洋电器的老板姓杨，他也会提供送货上门的服务，但是每次都是将产品放在门外便走，若是碰上顾客家住的楼层较高，他要么就拒绝送货入门，要么就要求加配送费。货物送到后，也不会告知顾客具体的使用方法和注意事项，顾客遇到问题到店里找他，他要么就是推三阻四，要么就是爱搭不理，更不要说上门维修了。

结果可想而知，在当前大卖场以及网络商家的冲击下，大洋电器很快就挂出了"转让"的招牌，而树海电器虽然没能经营得红红火火，但凭借着积累下的口碑，维持经营倒是没问题。

所以经营者千万不要认为，东西卖给顾客就万事大吉了，卖出去只是真正销售的开始，当顾客遇到问题，或是对自己进行了投诉后，首先要在第一时间进行回复和解决，同时要注意自己的语气和态度，多一点耐心和微笑。最后，虽然售后服务要做到位，但是切不可大包大揽，以免顾客提出的问题无法解决，那就成了"搬起石头砸自己的脚"了，力争做到"轻承诺，重行动"就好。

5. 顾客的忠诚度，就是你的竞争力

　　根据数据显示，对于实体店未来的利润最有价值的顾客，可以说是忠诚的顾客。顾客忠诚度提高5%，企业的利润就能够增加25%～85%。罗振宇在2016年的跨年演讲中，提出的"超级用户思维"，简单理解就是经营者别光顾着拉新顾客，更要维护好老顾客，取得老顾客的信任与喜爱，他们不仅会重复购买，还愿意为经营者进行口碑宣传，介绍新的顾客。换句话说，就是要培养出顾客的忠诚度。

　　所谓的忠诚顾客，在消费过程中会产生以下几种特征：

　　经常性高频率地重复购买店铺内的产品；

　　会进行有效的口碑宣传；

　　经常购买店铺其他种类的产品和服务；

　　对于竞争对手提供的产品和服务，以及促销活动，具有"免疫力"。

　　这样的忠诚顾客，得来不需要花钱，但是却能够给商家进行有效的宣传，几乎可以算"招财猫"一般的存在，所以各大品牌都在培养忠诚

顾客上下了不少功夫。

Toms品牌的鞋子，是全世界公认的"潮流鞋"，顾客遍布世界各地，但Toms最在乎的还是那些对品牌具有忠诚度的老顾客。

Toms将顾客分为两个层次，分别是探索者和开拓者。成为探索者后不但可以享受到会员折扣、抽奖、独家销售等福利，还可以提前获得新产品和周年礼物。当会员的会员卡内积分达到一定的数量后，就可以升级为开拓者，从而获得更多的好处，如包邮和赠品等额外福利。

除了这些物质上的奖励，Toms还会满足顾客的精神需求。

2006年时，Toms的创始人布莱克·梅克斯基在阿根廷旅游时，发现当地很多孩子没有鞋穿，孩子们这一艰苦的处境，让布莱克·梅克斯基意识到自己应该做些什么。之后，Toms便推出了"一对一"计划，顾客每购买一双鞋，Toms就捐赠一双鞋子给有需要的孩子。后来这一公益事业不断扩大范围，包括向有需要的人提供清洁的水资源、发起结束枪支暴力的运动、支持心理健康，呼吁人人平等，为妇女争取权利等。目前为止，Toms已经为全世界超过6000多万的孩子们提供了鞋子，同时，Toms也宣布，顾客在购买产品后，可以选择他们想要支持的事业，Toms都会帮顾客去完成。

在购买产品的同时，还能支持公益事业，从心理的角度上讲，顾客能够从中获得极大的满足感，从而对产品更加信赖，提高对商家的忠诚度。

培养顾客的忠诚度，首先要考虑的是如何将新顾客变为老顾客。对于商家而言，顾客走进店铺内所进行的第一次消费体验尤为重要，如果在这个过程中，服务出现了差错，或是没能及时解决顾客的不满，那么你损失的可就不是一位顾客这么简单了。试想一下，这位顾客出了门后，都会做些什么呢？他会跟他的亲人、朋友进行抱怨，诉说自己在消费过程中所遇到的不满，而他的亲人朋友在听到他的抱怨后，也会将你的店铺拉进黑名单。

所以，当一位新顾客走进你的店铺后，首先要为顾客提供给力的产品，这是最基本的要求，也是能够吸引顾客回头的重要因素之一。其次，就是提供服务，良好的服务能够在顾客的心中留下十分深刻的印象。

达到了这两点，头回客变成回头客的概率就变得很大了。接下来，商家就要考虑如何将老顾客维护好了。

真心实意与顾客交个朋友

能够让顾客返回头来找我们的原因，很大程度上是感情的维系。也就是说，除了消费的需求，从情感上讲，顾客也会选择我们，这就需要我们真心实意地与顾客交朋友。

在汽车市场低迷的时候，菲翔汽车作为日系车，在南京市依旧有着不错的销量，除了汽车性能方面的优势外，跟南京菲翔汽车4S店的销售经理也有很大的关系。这位销售经理非常善于与顾客结朋友，很多在他这里买过汽车的顾客，最后都成了他的好朋友。

在工作当中，这位销售经理也曾遇到过十分难缠的顾客。曾经就有一位收藏家顾客，为人十分挑剔，断断续续两年的时间里，经常到车行来看车，而且每次都带着放大镜，只要看到车身上有细微的划痕，就会表示不满。在车行里，没有销售员愿意接待这位顾客。

最终这位顾客被交到了销售经理的手中，经理没有急着让顾客掏钱买车，而是花费了一些时间，先与顾客成了朋友，他们经常在一起鉴赏瓷器、书画等，顾客有私人聚会时，也会邀请这位销售经理。

在博得了顾客的信任后，销售经理才开始向顾客介绍车型、款式，但也仅仅是介绍而已，从来不会为顾客做主。最后，这位挑剔的顾客，终于如愿以偿地买到了自己想要的车型。

无论是奢侈品牌也好，还是小本生意也好，只有待顾客以诚心，才能真正地拉拢住顾客。那么经营者应该怎样和顾客做朋友呢？

真正做到为顾客着想

大多数时候，经营者口口声声说着"为顾客着想"，但其实还是站在自己的能力范围和现有的条件下进行思考或是行动而已，实际上还是以自身的利益为先。

真正为顾客着想，是要站在顾客的角度上去思考问题，有时候即便会给经营者带来不便，或是自己的利益受损，也在所不惜。营业员孙小姐讲过这样一个案例：

当天一位30多岁的男性顾客到店里选项链，当时顾客只想选择一个克数大的，多少钱都无所谓。孙小姐根据自己的销售经验，从顾客的身高上判断出，顾客的身高佩戴50克左右的项链正合适。

可当孙小姐将项链拿给顾客时，顾客却觉得不够气派，坚持想要70克的。于是孙小姐拿出了一条70克左右的项链，建议顾客将两条项链进行对比，并且告诉顾客，男士戴项链不一定克数越大越好，只要能够凸显自己的气质，就能够看起来很气派。果然，在顾客进行了对比之后，发现还是50克的项链更加适合自己，然后满意地付款离开了。

对于孙小姐来说，卖克数重的项链提成会比较高，这也是一般营业员会选择的方式。但是孙小姐在卖货时，却不是从自身的利益出发，而是从顾客的角度出发，只有这样，才能真正做到为顾客着想，并赢得顾客的信任。

尊重顾客，提供恰到好处的服务

人与人之间的交往需要真情实意，但同时也需要空间感。面对顾客，经营者需要热情，但热情过了头，也会令顾客感到头痛，甚至是恐惧。

曾有家店铺想以热情周到的服务取胜，于是要求服务人员要对顾客进行无微不至地关怀，并且还成立了奖励制度，哪位服务员的服务能够得到顾客的五星好评，就能够领取到相应的奖金。

因此，为了能够拔得头筹，服务员们绞尽了脑汁为顾客服务。其中，一个服务员在得知当天是顾客的生日时，就提出了为顾客过生日的建议，但是这位顾客却不愿张扬，一直说不用了。但是服务员却不这么想，不一会儿就拿来了生日帽，不顾顾客躲闪，就戴到了顾客的头上，然后拉着其他服务员大声地唱起了生日歌。而在被强行过生日的顾客脸上，却看不出任何惊喜与感动的神情，取而代之的是一脸的尴尬和不知所措。

这样"过犹不及"的尴尬场面，很多消费者都经历过，经营者认为这是对熟悉的顾客进行深挖，是一种培养顾客忠诚度的方式，但对于顾客而言，只会感到不舒服，从而对服务的满意度下降。

顾客的忠诚度是经营者存身的根本，经营者对消费者用心，消费者是能够感知的；经营者想要提高自己的利润，消费者也是明白的。但从某种意义上来讲，经营者和顾客之间的利益是冲突的，要协调这种冲突，就要让顾客既花了钱，又感到满意，这才是经营者要做的，那就是为顾客提供恰到好处的服务。

为顾客提供恰到好处的服务，就是既让顾客觉得贴心，又不会让顾客觉得尴尬。在一家名叫"鼎轩楼"的餐厅，每个服务员都有一项"绝技"。这项"绝技"就是闻声定位，不管是哪个桌位的顾客筷子掉在了地上，"鼎轩楼"的服务员都能够在第一时间判断出来，并且赶在顾客招呼之前，将预备好的筷子送到顾客手上。

顾客恰巧需要服务，而经营者恰巧就提供了服务，既没有殷勤过头，也没有让顾客觉得不被重视，这样的服务就是恰到好处的服务。

第四章

挖掘顾客的兴趣，
是实体店重生的着力点

1. 盯住顾客，而不是竞争对手

在7-ELEVEN创始人铃木的语录中，有一句极具代表性的话："商家真正的竞争对手并不是同行，而是瞬息万变的顾客需求。"在铃木先生看来，如果无法将自己的公司经营好，那么就不得不面对同行业的竞争；相反，如果能够打造出自己的天地，不断探究自己品牌的世界，一心面对自己的顾客，那么就不会卷入同行业的激烈角逐当中了，所以铃木先生从来不会去关注同行的动态，也很少和同行的人见面。

那么作为经营者，该从何处去把握顾客瞬息万变的喜好呢？简单来说，就是从普通人对生活生出的各种感受中，去获取顾客的各种喜好与厌恶。

了解顾客喜欢的细节

根据营销专家多年的调查，结果显示如果实体店能够做好这些小细节，就能深得消费者喜爱：

（1）可以触摸商品。消费者可以通过触摸商品进一步对商品进行了解，并检查商品是否存在瑕疵，这一点是实体店得天独厚的优势。所以若非特殊情况，商品前请不要挂着"请勿触摸"的牌子，那往往会让顾客对商品敬而远之。

（2）可以照镜子。每个人在外出时，都会比较在意自己的仪表，因此在路过镜子时，都会有意无意地端详一下自己。所以，若是店铺中有面可以照的镜子，就可以让顾客暂时停下脚步，在店铺中停留更长的时间。

（3）可以很快找到自己想要的东西。如果店铺的布局设计得过于复杂，则会增加顾客寻找东西的难度，从而降低顾客的消费兴趣，但如果布置得过于简单，又会让顾客感到缺少购物的乐趣。因此，最好是让顾客能够顺着提示很快找到自己想要购买的东西，这样才能既满足顾客"逛"的需求，还能顺手买一些其他商品。

（4）可以与同伴交谈。当顾客与朋友一起逛街时，希望可以在购物的过程中自由地交谈而不被其他的事情所打断，所以经营者要给顾客一个可以自由讨论的氛围，让顾客与朋友能够随意讨论商品。

（5）可以讲价且不太拥挤的环境。大多数消费者到实体店购物都喜欢讨价还价，并且能够接受一定程度上的拥挤。如果购买者众多，顾客就没有充分讨价还价的余地，会降低他们的购物欲望；如果情况相反，讨价还价的环境过于宽松，则会令顾客认为自己掌握了交易的主动权，在做购买决策的时候变得更为大胆。

了解顾客讨厌的细节

顾客既然有喜欢的细节，那么就一定也有讨厌的细节。根据营销专家多年的调查，发现顾客在购物过程中不喜欢碰到以下情况：

（1）镜子过多会令顾客失去方向感。虽然顾客喜欢店铺里有镜子，但是如果镜子过多，则会干扰顾客对空间的感知，削弱他们的方向感，这样一来，顾客的行走路线就会有所更改，可能就不会按照经营者预期的方向前进了。

（2）对新品无法做到详细的了解。通常，店铺内的新品都会得到顾客格外的关注和好奇，还会提出试用的要求。与此同时，顾客也希望借着这个机会能够更加深入地了解新品。若是这个需求得不到满足，他们绝不会去购买一个自己对其一知半解的东西。

（3）排队时间太长。在实体店，尤其是比较受欢迎的实体店内，经常会遇到排队的情况。如果要等上很久，对一些急性子的顾客而言，可能就等不住了。

（4）东西摆放在不方便拿到的位置。逛街本身就是一项耗费体力的事情，所以顾客更喜欢去看那些他们随手就能拿到的东西。如果自己的双手拿满了东西，还要弯下腰去找东西，那除非是必须要买的东西，否则顾客不见得愿意去受这个累。

（5）服务员的服务水平差。服务员不礼貌，服务速度过慢，对顾客询问的事项不够了解，对顾客爱答不理，举止粗俗，都会让顾客感到不快。

研究顾客的行走习惯

研究证明，顾客在逛街的过程中，是有一定的行走习惯的，若是商家能够掌握顾客的行走习惯，那么就能够知道顾客通常会把注意力放在何处，这样经营者就能够根据顾客的行走路线来设计店内的布局，从而让更多的商品呈现在更多的顾客面前。

获取顾客行走习惯的方式有很多种，借助店内摄像头就是其中之一。现在大多数店铺都会安装摄像头，经营者可通过观察一段时间内各个区域里的顾客数量，如果店内布局合理，那么理论上就不会存在人迹罕至的盲区。但如果布局不合理，那么在高峰期，也会出现冷清的死角。另外，利用人的本能也是获取顾客行走习惯的方式。通常人会本能地朝右行走，因此经营者可以将想要被顾客注意到的商品放置在顾客所站位置的右侧。

通常，顾客很难改变自己的移动习惯，能改变的只有经营者的观念，有时候经营者自以为设计得极好，但如果不符合顾客的习惯，那也是白费力气，只有按照顾客的行动习惯来调整店内的布局，才能起到事半功倍的效果。

2. 不要小看"明星"的号召力

电影《不见不散》是冯小刚导演、葛优主演的一部喜剧电影，在电影中，葛优饰演的是一个教美国华裔孩子说中文的老师，他教孩子们说的第一句话，就是："吃了吗？"这句台词"笑果十足"，给观众留下了深刻的印象，同时电影也取得了巨大的成功。于是电影结束后，葛优和冯小刚就开了一个与电影同名的茶餐厅，利用电影的知名度，以及演员的名人效应，餐厅一开张，就引发了不小的反响，获得了源源不断的客流量。

在网剧《镇魂》热播的时候，收获了大批"镇魂女孩"，主演之一的白宇瞬间涨粉不少。肯德基利用这个契机，设立了一个肯德基特别甜品站站长，并让白宇来担任。在每个门店的甜品店窗口外，都摆上了白宇的人形立牌，画像的白宇就手捧着肯德基最新甜品——阿方索芒果冰淇淋，做出向大家诚意推荐的样子。

很多喜欢白宇的粉丝们，都会跑到肯德基甜品店外，买一个白站长推荐的阿方索芒果冰淇淋，然后举着冰淇淋与白宇的人形立牌合影。同时，为了抓住白宇的粉丝们，肯德基还准备了白宇的限量海报和贴纸，单笔消费满19元者，就可以获得海报，买任一款产品，就能够得到贴纸。

对于中小型实体店铺而言，请明星来坐镇未免有些困难。但并不是说没有明星代言，店铺就不能借助"明星效应"，其实还可以寻找其他方法，能够借助明星的人气策划多种多样的营销活动，巩固用户群体，脚踏实地进行推广，一步步将用户转化为产品粉丝。

巧借明星同款，提升商品销量

"木子小姐"是一家以经营各种潮品首饰为主的精品店，经营者李木子从小就对潮流饰品极感兴趣，尤其是明星的同款潮流首饰，她都了如指掌，所以她店内的商品，都是紧跟当下潮流的新品。

可是尽管李木子每天都精心打理店铺，在各种社交媒体上发布消息，但是销量却一直上不去。每天来的顾客不多不说，而且大多也是看看就走，没有什么购买欲望。对此，李木子苦恼万分。

直到有一天，来了两个中学生模样的顾客，她们本想给过生日的同学买一件小礼物，却无意间看到了柜台里的一条项链，其中一个学生惊呼道："那不是赵丽颖的同款吗？这个多少钱？贵不贵？"

李木子循着女生手指的方向看去，那的确是上个月女星赵丽颖参加活动时所佩戴的同款项链，当时李木子觉得很漂亮，就立刻淘来了同款，没想到还真碰到识货的了。于是李木子说出了价钱，虽然是明星同款，但项链的价钱却很亲民。那女生一听，高兴坏了，立刻盘算着积攒零用钱来买这款项链。

两个学生走后，李木子立刻打开电脑，从电脑上搜索那些明星佩戴着店内同款首饰的照片，然后一一打印了出来，张贴在店里。之后，每次淘货时，李木子都会刻意去淘明星的同款，并在店内挂出相应的照片。在宣传上，也着重突出了"明星同款"这一点，这一招吸引了不少顾客，小店的生意慢慢好了起来。

对商家来说，利用名人的知名度来提升顾客对店铺的关注度，不仅留住了顾客，也为日后的销量做好了铺垫。"木子小姐"就是成功地运用了明星影响力，用当红明星来做产品宣传，从而吸引消费者，促使产品快速交易。

借助古代名人的效应

除了现在现实生活中出现的那些明星外，还有一些"名人"也可以产生同样的宣传效果，比如古代的名人。重庆有一家连锁烤鱼店，名字叫"诸葛烤鱼"。相传在三国时期，诸葛亮曾隐居在琅琊县，当时他最喜欢吃的食物就是烤鱼，这道菜是诸葛亮家的祖传菜谱，用料和做法都与普通的烤鱼不同，诸葛亮经常邀请亲朋好友们到他家吃烤鱼。后来刘备三顾茅庐，将诸葛亮请到了隆中，诸葛亮离开的时候，还将自家善于烹制烤鱼的厨师也带在了身边。

刘备称帝后，诸葛亮又将这道烤鱼带到了宫内，刘备、关羽等人也非常爱吃这道菜，原本是诸葛亮家的家宴名菜变成了皇家御宴上的一道菜。后来，大家为了纪念诸葛亮，就给这道菜起名为"诸葛烤鱼"。

"诸葛烤鱼"店就是利用了发生在诸葛亮身上的这件事，将自己的品牌打响了。

同样的例子，还有慈禧太后的宫廷黄鸡。据说在清朝末年，有一段时间慈禧太后总是胃口不佳，食欲不振，这让宫里的一众人等都非常着急。为此，李鸿章还专门搜集了各地的美食，为的就是找到一款能够进献给慈禧太后的美食。

最后李鸿章发现北京油鸡的味道十分不错，于是立刻送进宫中，让慈禧太后品尝，太后一尝，味道果然好，从此便认定了北京油鸡，其他的鸡都不吃了。后来爱新觉罗·浦杰给这道鸡命名为"中华宫廷黄鸡"，现在这道"中华宫廷黄鸡"已经成为了"网红美食"，凡是有售的地方，都会引来食客的品尝。

诸葛亮和慈禧虽然不是现代社会中的名人，但是他们却是中国历史上赫赫有名的人，将这些人的故事注入自己的店铺当中，无论是从打开店铺知名度，还是从吸引客流量上来说，都能够取得与"明星效应"相同的效果。

与名人有关的故事

长城葡萄酒在1986时曾接待过英国女王伊丽莎白二世，三年后又接待了美国总统布什，2004年接待了法国总统希拉克，2009年又接待了美国总统奥巴马。能够被用来招待外宾，说明长城葡萄酒有着过人之处，而这也成了经销商们可以"炒作"的卖点，打着"名人"喝过的旗号，酒的价格几乎翻了一倍。

在网络中有个名词叫"蹭热度"，就是借着当下热度较高的人或事来营销自己，这虽然是个贬义词，但是对于实体店经营者而言，却是一次可以利用的"名人效应"，新闻媒体中出现的新鲜事件或是重大事件都可以用来宣传自己的店铺。比如在《爸爸去哪儿》这个亲子节目中出现的张亮，由于会做饭，很快成为热门明星。节目结束没多久，就出现了名为"张亮麻辣烫"的店铺，专卖麻辣烫。靠着节目的热度，张亮麻辣烫很快就开起了分店。

但是需要注意的是，使用这种方式时，要注意维护他人的权益，不能有侵权的行为，否则得不偿失。

3. 想要顾客买单，就要直击顾客痛点

　　每个人都有痛苦，这些痛苦包括身体上和心理上的。其实，在消费行为中，也存在痛苦，这些痛苦是消费者在使用产品或是服务过程中，会产生更高、更挑剔的需求，而当这些需求长久得不到满足，就会产生心理落差，并渐渐聚集到一点，成为消费者负面情绪爆发的原点，让消费者感到"痛"。有个专业的词语，统称这些为"痛点"。

　　那消费者的"痛点"对于实体经营者而言，又是怎样的存在呢？行为经济学家曾经设计了这样一个赌局：

　　用一枚硬币做工具，如果投掷后的结果是正面，即为赢，可以获得十万元；如果投掷的结果是背面，则为输，要失去十万元。从概率学的角度来讲，这个赌局非常公平，因为输赢的可能性相同。但是，实验结果却是大多数人都不愿意进行这个赌局。

　　原因就在于，输掉十万元的痛苦，要远远大于赢了十万元带来的快乐。可见，人们逃避痛苦的心理动力，要远远大于追求快乐的心理动

力。因此，实体经营者要明白这样一个道理：问题让顾客痛苦，问题越多，顾客越痛苦；痛苦越大，顾客的需求就越迫切。所以，找到了顾客的痛点，也就抓住了顾客的需求。

有一位顾客想要买一张床垫，销售人员带着他在家具城转了一圈，顾客只是问价钱，却没有明确地表示自己想要买哪一款。

这时，销售人员问："先生，你想买一张什么样的床垫呢？"

顾客回答："我想买一张舒服一点的床垫。"

销售人员继续问："那您有什么特殊要求吗？"

顾客回答："我腰不太好，想买一个睡起来不会腰疼的床垫。"

到这里，销售人员已经成功地找到了消费者的痛点了。接下来，就是销售人员根据消费者的痛点，进行产品推荐了。

听到了消费者的特殊要求后，销售人员带着消费者来到了一款床垫前，顾客看后很满意，便开始询问价钱。

销售人员回答："8000元。"

顾客听后，问道："这张床垫怎么这么贵？我在另一家看到的，跟这张差不多的床垫，只要4000元，而且那张床垫貌似硬度更好一些。"

销售人员并不恼火，而是耐心地解答："先生这款床垫的成本都要6000多元。"

销售员的话引起了顾客的兴趣，顾客忍不住问："为什么这款床垫的成本这么高呢？"

销售员没有立刻说话，而是让顾客躺下来试一试，然后顺着顾客先前的话说："床垫并不是越硬越好，好的床垫是符合人体构造的，让人躺在上面时，该支撑的地方能够支撑起来，该放松的地方却是柔软的。

这款床垫是根据人体脊椎的构造进行设计的，您躺在上面时应该就感觉到了，虽然这款床垫摸起来较软，但躺在上面时，腰身的部分却能够得到很好的支撑，不会觉得累。"

顾客听着销售员的话，不住地点头称是。接着销售员又继续说："床垫最重要的部分就在于床垫里面的支撑部分，如果这部分坏了，床垫就不能用了。您可以看一下这里面的构造，弹簧要比普通床垫的弹簧粗一倍，但是弹性却十分好。所以在使用寿命上，也要比普通床垫长一倍以上的时间。"

说完，销售员拉开床垫下方的拉锁，果然床垫内部的构造一目了然，确实比之前看到的那款便宜床垫要好得多。最终，顾客选择了这款8000元的床垫。

这就是寻找顾客痛点的意义所在。能够根据消费者的痛点寻找解决的方案，从而令自己的产品和服务让顾客满意，并产生购买欲望。

消费痛点的来源

顾客的消费痛点，是经营者的关注点，同时也是消费的引爆点，经营者想要顾客买单，能否清晰准确地找到消费者的痛点，是痛点销售思维的一个关键步骤。在消费行为中，常见的消费痛点有四类：

一、缺乏安全感。当人缺乏安全时，就会变得紧张不安，从而对一切事物失去信任。在马斯洛需求层次理论中，人们对于安全感的需求，是仅次于生理需求的低级别要求。安全需求包括人身安全，生活稳定以及免遭痛苦、威胁或疾病困扰等的期望。

二、等待带来的痛苦。在中国，排队的消费的现象随处可见，如去医院看病需要排队等待；去银行取钱需要排队等待；排队用餐；买票需要排队等待，等待是一个痛苦的过程。

三、担心花冤枉钱。当前的消费市场呈现出两极化的趋势，一个极端是高消费，另一个极端是低消费，而不高不低的消费，则不被消费者接受。究其原因，还是消费者害怕自己多花了冤枉钱。在消费者的认知中，高消费就代表着高端，代表着一分价钱一分货，而趋于低端消费的消费者，则不会太在乎产品的质量，只在乎该产品在同类产品中是不是最低价。

四、害怕被骗。在消费过程中，消费者最害怕的就是产品或是服务的价格与产品或是服务本身的价值不相符。所以，当销售人员将某件产品夸得天花乱坠时，非但不会引起消费者的购买欲望，反而会适得其反，让消费者产生"别被忽悠了"的想法。

那么经营者可以通过哪些途径来挖掘消费者的这些消费痛点呢？

首先可以从顾客的评论中找寻痛点，顾客会给商家留下评价，无非是出于两种目的，一种是对产品或是服务及其满意，一定要表扬一番；另外一种就是对产品或是服务不满意，想要"吐槽"一番，所以密切关注顾客的评论，就能够从中发现消费者的痛点所在。

其次，可以从搜索关键词中找寻痛点，方式就是打开搜索引擎，搜索自己想要了解的关键词，然后根据显示的词条内容来判断消费者的痛点都在哪里。小米就是通过在百度搜索"路由器"一词，发现了消费者在使用路由器过程中所产生的痛点，然后生产出了小米路由器。

最后，可以从顾客的抱怨中寻找痛点，在消费者抱怨的背后，往往对应的就是消费者的痛点，那些让消费者抱怨的地方，就是有不合理的地方，也是商家要进行改进和努力的地方。

用同理心搞定消费者痛点

所谓的同理心，就是将心比心，正确了解对方的感受和情绪。对于立场不同、处境不同的人来说，是很难理解对方的真实感受的。如果销售人员具备了同理心，就能够将销售的关键点，从自己的利益转到消费者的痛点上。

举例来说，当顾客抱怨产品价格太高时，不具备同理心的销售人员会回答："嫌贵就别买了。"并带有嘲讽的语气。而具备同理心的销售员会这样回答："您的眼光真好，一下子就看中了价值最高的一款产品。"

不具备同理心的销售人员会无视消费者的痛苦，这会导致他们态度生硬，将顾客拒之于千里之外。具备同理心的销售人员会站在顾客的角度，关注顾客的问题，体察他们的痛苦，这会让消费者的心态放松下来，从而取得消费者的信任和好感。

培养同理心，经营者可以通过两个方面进行，一是设身处地，二是将心比心。

成都喜洋洋婚庆公司的经理杨洋从金夫人婚庆用品公司定制了一批充气拱门，原本承诺两天到货，但是到了第三天还不见货物的影子，眼看着就要布置婚礼现场了，喜洋洋婚庆公司的杨经理急得火冒三丈，打电话给金夫人的负责人陈店长时，语气十分不客气，尽是抱怨之词。

但是金夫人的陈店长却没有一句反驳，而是先诚恳地道了歉，随即就表示了对杨经理的理解，然后才开始解释为什么货物延期了，原因是货运车在路上遇到了车祸，导致货品有所损坏，所以公司这边又重新安排了发货。最后，陈店长还指出了自己工作的失误，那就是出现问题后，没有第一时间联系客户，让客户着急了。

陈店长的回复让杨经理从中找到了情感和观点上的共鸣，于是满腔的怒火也随之烟消云散了。当经营者能够设身处地地为顾客着想，将心比心地去理解他们的处境，那么就能够达到为顾客消除痛点的目的了。

4. 一场有趣的活动，就是一次成功的广告

假设你要在北京望京开一家咖啡店，所面临的问题是，在这个区域已经有了星巴克、costa这样众所周知的品牌存在，所以附近的消费者都不知道你的存在，即便走过路过，也会因为对品牌感到陌生，而不知道你咖啡厅的特色是什么，适合什么时候去、价位是多少。所以很少会有人走进你的咖啡店。

解决这个问题有一个很好的办法，那就是策划一场活动，一方面让别人知道这里新开了一家咖啡馆，引起大家的注意；另一方面告诉大家你的咖啡馆有什么特点；最后达到吸引大家来消费的目的。

唐骏是一个很有独立思想的年轻人，学习设计专业的他在大学毕业后，没有像身边的同学一样加入求职大军，而是选择回到家乡创业，开一家服装店。

唐骏将自己潮品店的目标消费者定位为年轻人，经营的商品包括一些时下流行的服装、鞋子饰品、鞋子等。与其他店铺直接将商品卖给顾

客不同，唐骏店内的所有商品都要经过第二次制作才会卖给顾客。唐骏想通过自己的设计，来彰显每件商品的独特性，以此来吸引那些与他一样追求独特的年轻人。

为了能够让店铺从一开始就彰显出与众不同的特色，唐骏花了很长时间冥思苦想，最终确定了一次以"创意"为名的活动，活动内容为：顾客可以说出自己的想法，然后唐骏针对顾客的想法设计出图案，再由顾客用不褪色的颜料画在自己看中的衣服上。如果顾客觉得自己能力有限，也没有关系，可以把自己的想法告诉唐骏，让他来代笔，不过会另加创意费。

经过一段时间的宣传和热度发酵，自己设计衣服图案的活动，引起了很多追求个性的消费者的注意。活动开始当天，就有不少消费者前来参加。唐骏这一有趣的活动，为服装店赚足了眼球，立即打开了知名度。随后，唐骏又发展出了Logo设计的业务，针对企业和个人，设计他们的专属Logo，既可以印在衣服上，也可以印在其他载体上。

可见，能够让经营者迅速打开知名度的，不仅仅是广告，能够策划出一场有趣的活动，其宣传效果不亚于广告。

另外，有趣的活动不但有利于商家扩大知名度，对提升销售额也有很大的帮助。

下面我们就从分析优秀活动的特点、策划活动的必要步骤和增加活动热点这三个方面来说一说，实体店该如何去策划自己的活动。

优秀的活动所具备的特点

一场活动想要取得显著的效果，首先要有明确的目的，将指标清晰直接地量化，这样才能保证从策划到落实的各个环节紧跟主题内容，不会出现跑偏的现象。最终评价活动成功与否的关键，也是要看活动是否达到了最初的目的。

其次，商家做活动，往往是为了带来长期的效益，但这并不代表着也要走长线，相反，好的活动要求是在短期内就起到快速拉动的作用。如果活动短期内不能见效，那么即便拉长了战线也是耗费功夫。

第三，活动要有吸引力。活动将会有多少人参与，很大程度上取决于活动是否新鲜有趣，这是吸引消费者参加活动的第一步，也是最重要的一步，同时也决定了活动的效果如何。

第四，活动的门槛低，操作方便。如果参与活动的方式过于复杂或是要求较多，那么会吓退相当大一批消费者，因为现在生活节奏快，人们没有耐心去参与花费巨大精力的活动。以前积攒多少张卡片就能换取相应礼物的活动，在当下社会已经不吃香了。另一方面，活动在操作方面也要简单易行，这样才能保证商家能够较为顺利地将活动进行下去，若是活动操作难度大，就注定要耗费更多的人力、物力和财力，同时也容易在活动过程中出现意外的情况。

简而言之，一场成功的活动要拥有以下四个特点：目的明确、短期见效、有吸引力和操作门槛低。

策划活动的步骤

策划一场活动，通常要经过以下几个重要的步骤：

第一为明确目标，在策划活动之前，要先明确做这个活动的目的是为了增加新用户，或是为了提升老顾客的黏度。

第二为确定目标，将目标中的内容具体量化，若是为了新增用户，那么要具体新增多少用户，要用具体的数字呈现出来。

第三为活动前的预热阶段，要想活动吸引来更多的人，就要做好预热工作，通过各种渠道将活动的信息散播出去，争取让更多的人看到。

第四为活动开始后的关注阶段，在这个阶段要实时关注活动的进展，并根据活动的进展与走势去调整活动，其中消费者的反馈、实际的交易情况、具体的数据走势等，都是需要跟进的地方。

第五为活动后的总结工作，若把活动比作一场实验，对于实验而言最重要的就是结果，有了结果才能证明之前的推断。同样，对于活动而言，结果也相当重要，是衡量这场活动是否成功的标准，同时也是下一次活动的经验与教训。

借势策划有趣的活动

豆瓣是一个文艺青年聚集的网站，在某年的情人节前夕，网友们在豆瓣上组织了一个特别的活动——一封没有寄出去的情书，这个活动引起了很多人的注意。

南京"有家书店"的老板李平看到这个活动后，立刻想到这是自己可以借的"东风"，于是立刻在书店也策划了一场这样的活动。李平购买了一个复古形象的邮箱放在了书店门口，然后在旁边立起了一张巨型海报，海报上写着：

"还记得曾经的Ta吗？

那青涩的脸庞，

曾是你脑海中挥之不去的记忆，

那些没有对Ta说出去的话语，

成了内心深处最难忘的遗憾。

那封放在抽屉里没有寄出去的情书还在吗？

寄出去，

告诉Ta，

一场关于暗恋的往事。"

为此，李平购进了一批明信片，专门提供给顾客写"情书"，然后顾客提供姓名和住址，由"有家书店"寄出，凡是参与者都可以在情人节那天，获得书店赠送的小礼物。在活动期间，李平将书店内那些文艺青年喜爱的图书放在了最明显的地方，很多来店内参加活动的年轻人，都会顺道看看有没有自己喜欢的图书，然后买上一两本。

5. 多元化的体验，才能让顾客产生新鲜感

顾客在购物过程中会使用各种感官——视觉、触觉、嗅觉、味觉、听觉，去感受商品、服务以及购物的环境，这些都将成为接受或是拒绝某种商品的理由。一项研究表明，人们在买毛巾前喜欢试一试手感，一条毛巾在卖出去之前，平均至少被6位消费者摸过。

现如今，实体店铺的产品和服务差异越来越小，这时就有必要增加顾客的体验方式，令顾客的体验更加多元化，这样才能增加顾客的参与度。多元化的体验，是指从看、听、用、参与等方式入手，充分刺激和调动消费者的感官、情感、思考、行动、联想等感性因素和理性因素，最终让消费者产生购买欲望的体验方式。

东霖家具是一家家具专卖店，由于经营者张德江经营得法，东霖家具的生意一直很不错。在东霖家具店内，贴着一张详细的体验促销活动通知：本店所有商品都可以随时亲身体验。您可以随意拉开抽屉、打开柜门，观察其材质和结构；您也可以躺在沙发上或床上，感受其舒适

度。此外，在体验区还贴心地贴上了结构较为复杂家具的使用说明。

为了让顾客更全面地感受不同家具的效果，东霖家具特意在店内开辟了一个展示区，并根据不同颜色的家具配置了不同的灯光，全方位地展示每种家具的现场效果。

通过真实的现场展示，顾客基本上能够体验出每种家居组合的格调。除了这些安排，导购员也不会像其他店铺的导购员一样，从顾客一进门就缠住顾客，在耳边喋喋不休，而是非常安静地待在指定区域，除非顾客主动寻求帮助，否则这些导购员都不会打扰顾客，以便让顾客能够轻松、自由地进行体验购物。

让顾客进行多元化的体验有很多好处：一方面可以让顾客在体验过程中增加对店铺品牌的认同感，拉近商品和顾客的关系；另一方面，让顾客亲身体验更能让他们对商品产生信服力，从而激发他们的购买欲望。此外，体验促销也在很大程度上节约了广告费用。

从嗅觉方面满足顾客的体验

现在越来越多的研究表明，气味在一定程度上能够影响顾客的购买行为，每个人闻到熟悉的味道，都会回忆起一些往事。

比如，湾仔码头的水饺曾用一句"妈妈的味道"作为广告语，这句温暖的广告语准确地叩击在人们心扉的同时，仿佛又使人们闻到了妈妈做的手工饺子的味道，于是就会不由自主地去购买水饺。一方面，好闻的气味可以对顾客产生吸引力，让其不由自主地走进店铺；另一方面，气味也可以让顾客认准店铺的特色，成为店铺的固定客户。

万豪酒店就是这样一家具有"气味"特色的酒店。在万豪酒店中，有几个特征明显的区域，每个区域都采用一种大家熟知的气味作为主题名称，比如：草莓味、葡萄味、香水味等等。当顾客来入住的时候，可以根据自己喜欢的气味入住相应的房间。此外，酒店大厅也弥漫着茉莉清香，这种气味能够有效地使商务人士得到放松，释放他们由工作压力产生的情绪，而茉莉的清香也能让人联想到象征着友谊的茉莉花，这恰恰呼应了酒店欢迎天下所有朋友的经营理念。

如果商家的气味规划区域仅限一块，就需要使气味保持不浓不淡为宜，闻起来若有若无，会让人觉得心旷神怡；反之，如果气味规划区域有多种，商家就要避免不同的气味混在一起，防止出现气味紊乱。总之，只有为顾客创造出一个舒适的嗅觉环境，才能吸引顾客。

提供高科技的体验

科技的进步，也为实体店经营带来了一些新思路。欧神诺是国内一流的瓷砖品牌，在成都一家欧神诺店铺里，顾客只需要用手机扫描二维码，就能够马上获取产品的信息、价格及效果图，其中效果图还是3D效果，可以直接模拟出虚拟的空间场景，消费者能够直接体验装修完的效果，这个过程仅需要十分钟。而且，消费者还可以在上面进行DIY，根据自己的喜好进行设计和选择。

以往的建材店里，顾客看到的都是静止的产品，想买瓷砖，还得有充分的想象力，想象某种瓷砖铺在自家的地面上会是一种什么样的效果。对于想象力匮乏的人，这着实很有难度，常常看着挺好看的地砖，等大面积铺到家中后，效果却并不如人意。

但有了高科技，这个问题就很好地得到了解决。这种创新的高科技体验模式，不但可以吸引顾客前往，还能够大大减少顾客的购物阻力，从而提升成交率。现在高科技的体验在很多行业都有运用，如服装店的智能试衣，通过智能试衣镜对人体进行三维扫描，然后顾客根据自己的喜好，点触自己喜欢的衣服，就可以给"镜子"中的自己换衣服了。

因此，若是经济实力允许，经营者为顾客提供高科技的体验，也不失为一种吸引顾客的手段。

满足顾客的猎奇体验

人都有一些猎奇心态，对于自己没有尝试过的事物充满了兴趣。哈尔滨的熊强开了一家冰旅馆，在这间旅馆中，没有暖气，没有热水，也没有电热毯等一切和热量有关东西，甚至早餐都是冰凉的食物。此外，各个房间里都是各种冷色调的墙纸，十分符合哈尔滨这座"冰城"的气质。

等到冬天，哈尔滨一年一度冰雕节正式开幕之前，熊老板印制了数千份传单，并将传单发放给来哈尔滨旅游的游客。很多游客也是第一次听说冰旅馆，好奇之下便前来体验，结果发现熊老板的冰旅馆还颇有特色，而且客房价格还算合理，便纷纷住了下来。

冰旅馆的创意，来源于熊老板在报纸上看到的一则消息：

"在瑞典北部一个村庄里，有一家举世闻名的冰旅馆，该冰旅馆一年一建，每年冬季拔地而起，次年春天逐渐消融，已经连续了20多年。尽管在冰旅馆体验一晚花费不菲，但每年冬天依然有大量游客慕名前去。

该冰旅馆总共有130余间客房，客房内的床、桌椅、柜子，都是用冰雪雕刻而成，此外，旅馆还拥有客厅、厨房，甚至还有酒吧等，各种设施一应俱全。整个冰旅馆不论从内到外，到处晶莹剔透，宛若童话世界。"

人们常说："好奇之心，人皆有之。"面对各种新鲜事物，人们常常会在好奇心的驱使下一窥究竟，以获得精神上的满足。瑞士的冰旅馆引起了熊老板的兴趣，让他想要去一探究竟。换个角度想，熊老板又从中看到了商机，既然自己感兴趣，那么势必别人也会产生这种猎奇的心理，所以熊老板没有去瑞士，而是在自己的家乡"制造"了这么一个"冰旅馆"。

熊老板的经历，可以给经营者不少启示，那就是可以提供一些具有新鲜度的体验，以此调动起顾客的好奇心，吸引顾客前来消费。

第五章

采用立体促销方式，
是实体店引流的秘籍

1. 从心动到行动，仅仅"一步之遥"

2. 非常之举，刺激顾客跃跃欲试

3. 每逢佳节，都是购物的好时机

4. 用主题作为支点，撬动盈利空间

5. 定价式促销最平凡，却也最好使

1. 从心动到行动，仅仅"一步之遥"

消费者在走进店铺时，往往都是有购买目标的，他们会从商品的颜色、款式、价格和使用方式等方面对商品产生兴趣，但是这距离他们下定决心购买，还距离十万八千里，如果店主能够在消费者产生兴趣的阶段，及时把握住消费者的这种心理，那么往往能够令消费者从对商品心动转移到购买行动上。

侯长海经营着一家名叫"旺多福"的小超市，超市规模不大，商品也不太齐全。在外表看来，这家超市与其他许多小超市一样，但是就客流量而言，这家小超市却远远大于其他小超市。其原因就在于侯老板很善于利用顾客爱"货比三家"的心理，每当顾客在购买时产生犹豫的心理时，侯老板就会在适当的时候，建议顾客到别家看一看，对比下价格，并且拍着胸脯保证，要是同样质量的商品买贵了，包退货。

在侯老板的建议和保证下，有的顾客就爽快地掏出了钱包，有的顾客则抱着半信半疑的心理走到别的超市进行比对，结果往往是顾客再次返回侯老板的店里购买。

消费者在购买商品的时候，通常都会有这样的消费心理：其他店里价格会不会比这家更便宜？质量更好？也只有通过多方价格比较后，消费者购买商品之后才不会有吃亏上当的感觉。

侯老板就是基于消费者这一消费心理，想出这样一个高明的促销方法。通常来说，进行货比三家的往往是消费者，而侯老板则反了过来，建议来光顾店铺的顾客进行货比三家，然后再决定购买谁家的商品。

有人会质疑，侯老板这么做恐怕不妥吧？因为有的顾客请都请不来，商家为何还要给出货比三家的建议？这样一来，岂不是将顾客拱手让给了其他店铺？从表面上来看，这种质疑似乎有些道理，其实不然，如果商家主动为顾客提供货比三家的建议，往往能够有效地消除顾客的疑虑，最终顾客还是会回到自己的店铺，放心地购物。

当然，要想保证这种促销方法获得成功还有一个很重要的前提就是，与其他店铺相比，商家要对自己的商品质量和定价有着绝对的自信，否则就真的将顾客送到别人的手中了。

那么，在利用顾客心理进行促销时，还有哪些方式可以使用呢？

制造断货的假象，限量促销转亏为盈

制造断货现象是一种典型的心理促销方法，商家通过制造"抢购风潮"，会让顾客感觉店铺里的商品一定非常优质或者价格很实惠，便会主动加入购买行列。

这种促销方法适用范围比较广泛，可以是经营小吃的店铺，也可以是售卖空调、彩电、冰箱的电器店。总之，这种促销方法没有太多的限制，商家可以根据店铺的实际情况进行变通应用。

童方经营了一家名叫"老友"的米粉店，起初生意一直不温不火，甚至还出现了亏损。直到有一天，童先生外出办事途中，看到一家小吃店正在进行促销活动。只见店里人头攒动，坐满了食客。童先生十分好奇，想看看小吃店是在进行什么促销活动。

进店向顾客一打听，他才知道，原来这家小吃店每天供应一定数量的小吃，卖完即止。由于小吃的味道很好，有的顾客怕吃不到，所以每天尽量提前来。童先生听后，当下就受到了很大的启发，立即将这种"米粉限量，卖完即止"的促销思路运用到自己的店铺当中，并在这个过程中，强调店里的米粉和汤料都是头天晚上手工做的，绝对保质、保鲜。

当顾客发现童先生店里的米粉去晚了会吃不上时，便有了"物以稀为贵"的想法，觉得老友米粉店的米粉味道好到供不应求，想吃就得早些来。越是这样想，顾客们越是觉得米粉永远吃不够，心里总惦记着，而且，他们还把老友米粉店的情况告诉了身边同样喜欢吃米粉的同事、朋友。

从心理学角度来说，"一禁三分奇"，人们对于被禁止的事物往往更容易产生好奇心，非要探个明白。如果商家利用人的这种心理，制造出断货的假象，多数情况下能够有效地吸引顾客，提升店铺商品的销量。

通过"拒绝"顾客制造的断货假象发挥作用后，偶尔也会出现顾客排队购买商品的情况。这时，商家就应该控制好出货速度，如果出货速度太快，排队的顾客很快就会散去，也就无法制造出抢购的场面；反之，顾客等太久，又会产生不耐烦的情况。所以，商家应该根据排队顾客的数量控制好出货速度，最大可能延长顾客排队时间，从而吸引更多顾客加入购买行列。

除了控制好出货速度之外，商家也可以用其他方式配合这种促销方法吸引顾客。比如，在店铺门口摆放一些新奇的玩具，或者通过播放电影来吸引顾客。只要能够让顾客停在店铺门口，也就意味着店铺可能会取得更好的促销效果。

额外赠送，满足顾客贪便宜心理

对于消费者而言，他们在购买商品时，永远有一种寻求实惠的心理，即用最少的价钱买到最多的商品。针对消费者这种心理，商家推出了加量不加价的促销方法。

这种促销方法就是商家通过额外赠送少量的商品，以满足顾客图实惠的心理，从而让顾客成为店铺的忠实消费者，并愿意主动替店铺宣传。这种促销方法可以选择的商品特别多，只要是有效计量的商品都可以，比如：蔬菜、肉类、糖果等。

在石家庄最繁华的商业街上，有一家名叫"连连糖"的糖果店，其经营者名叫乌云格，年仅24岁。

在连连糖的糖果店周围，还有好几家实力相当的糖果店，它们彼此存在着竞争关系，但奇怪的是，不论其他糖果店使用何种促销手段，风头只能暂时盖过连连糖糖果店，但只要活动一结束，差距就马上显现了出来。

有人认为连连糖糖果店的糖果一定是比其他糖果店的味道好，所以才吸引了很多顾客。实际上，连连糖糖果店里的糖果种类与其他糖果店相差无几，显然这并不是它在竞争中脱颖而出的原因。真正的原因，是乌小姐"购买即送"的促销方式。

每当顾客买完糖果后，乌小姐都会给顾客多加几颗不同口味的糖果，并诚恳地说："这是我们新进的糖果，请品尝一下。谢谢你照顾我的生意，欢迎再次光临。"

在乌小姐这种购买即送的促销方式下，糖果店很快就拥有了一批回头客顾客，生意一年四季都十分兴隆。

其实，不论大人还是小孩，大多都有一种贪便宜的心理，只要商家主动给予消费者额外的利益，哪怕不多，也能对他们产生一定的吸引力，从而使他们愿意主动光顾店铺。

在顾客购物完毕之后，如果商家能额外送一些小礼物，哪怕再微不足道，也能给顾客带来意外的惊喜和感动，而这也会成为顾客再次光顾店铺的理由。

残次商品打折促销，实现薄利多销

在实体商品的销售过程当中，遇到残次品是常态，有的商家会通过与供应商反馈情况来寻求补偿，有的商家则会放在仓库里，使之成为积压的库存，而一些聪明的商家，会利用这些残次品做促销，将自己的损失降到最低点。

童启明经营着一家名为"京客隆"的家具店，在一批新沙发到货后，童先生发现大部分沙发的表面都有不同程度的磨损。原来在运输过程中，货车遇到了一场小事故，致使新沙发在事故中成了残次品。值得庆幸的是，新沙发表面虽然有些磨损，但并不影响实际使用，也就是说新沙发还可以继续销售。

在这种情况下，童先生做了两方面工作，他一边和厂家协商赔偿事宜，一边想办法将这批带有损伤的沙发卖出去。思来想去，童先生根据自己多年的销售经验，决定将这批带有损伤的沙发当成残次品来促销，并在店门外张贴了促销广告：本店新进一批新款沙发，但由于运输不当，造成沙发表皮出现磨损情况，现在对沙发进行降价促销，欢迎顾客前来选购。

与此同时，童先生根据沙发的磨损程度，进行了分类，并据此制定了不同程度的折扣。此外，童先生还请专业的维修人员对一些磨损程度较为严重的沙发进行了修补，最大可能地淡化磨损痕迹。

促销活动正式开始的当天，就有不少顾客进店询问，而这时店里服务人员都会更加详细地解释造成沙发磨损的原因，还会指出每套沙发的磨损处并告诉顾客相应的折扣。

顾客一看新沙发虽有磨损，但一点也不影响实际使用，再加上低价的诱惑，很多注重实用性的顾客马上就选择了购买。因此，这批沙发很快就被抢购一空。同时，家具店此次诚信促销也赢得了顾客的信任，店铺的形象得到了提升，从而也带动了其他商品的销售。

对于店铺来说，有了残次品不要紧，重要的是商家该用何种方式去处理这些残次品。有的商家存在侥幸心理，以次充好，没有进行任何促销活动或者说明，就将商品卖给顾客，虽然暂时获得利润，但如果一旦被顾客发现商品存在瑕疵，商家就会自食恶果。

童先生选择主动公开商品的缺陷，这种做法不但没有赶走顾客，还赢得了顾客的好感,从而增加了促销活动的成功概率。而要想使这种促销方法达到最佳效果,商家一定要明白,存在瑕疵的商品必须降到一个最低价格才能吸引顾客。

混乱经营,给顾客低价的错觉

"混乱经营"指的并不是真正意义上的经营混乱,而是店铺故意将商品随意摆放,制造出混乱的现象,向消费者传递店铺的商品价格是低廉的,而实际上,商品的价格并没有改变。所以说,这也是一种比较有效的心理促销方法,能够提升店铺商品的销量。

鞋业一直是一个竞争非常激烈的行业,很多鞋店因销售方法不妥,出现了亏损。宁致远经营的远足鞋店已经开业4年了,前几年生意一直挺不错,然而,随着鞋业的竞争加剧,远足鞋店今非昔比,生意也是一日不如一日,眼看就要关门了。

这天,宁老板陪着妻子一起逛街,远远地看见不少人围着一个卖衣服的地摊挑选着衣服,场面颇为热闹。宁老板和妻子走进一看,发现地摊上横七竖八地摆放了各种款式的服装,虽然看起来十分混乱,但是最后付款购买的人还不少。

宁先生暗自估算了一下,在十几分钟的时间里,就先后成交了6笔生意。如果按照这样的交易速度,服装摊的摊主一天的收入会非常可观。宁先生惊讶的同时,也决定试一试这种促销方法。

回到鞋店后,宁先生马上从鞋架上选出一批价格中档的鞋,混乱摆放在店里显眼的地方。接着,他又制作了宣传海报张贴在店门外,上面只写了"清仓大甩卖"5个简单有力的大字。

很多人看到远足鞋店的促销信息后，颇为好奇，都进店看看降价的鞋究竟是什么样的，结果发现，那些促销的鞋虽然摆放得有些混乱，但质量还挺不错，于是多数人都选择了购买。就这样，没用几天，远足鞋店的销售额就开始提升，又恢复了以前的状态。

在很多顾客看来，整齐和干净是一种高档和价格昂贵的标志，有时候面对自己喜欢的商品，却因商品摆放太过整齐误以为商品价格很贵而不敢问津。案例中的宁先生就是抓住了消费者这一微妙的心理，先是玩了一个文字游戏，通过"清仓大甩卖"这样并没有说明降价处理的噱头吸引顾客。只要顾客进店之后，看到混乱摆放的鞋子，就会觉得鞋子的价格从原来的价格变成贱卖，从而产生购买捡便宜的欲望。

这种促销方法只适用于以普通消费者为目标消费群体的店铺，因为这类店铺的商品价格适中，几乎不用降价就能进行促销活动，即使降价也不会发生亏损的情况。而对于一些专门经营高档商品的店铺来说，不降价难以吸引顾客，降价太多，容易亏损。所以，运用这种促销活动之前，商家应该根据店铺的商品明确店铺的定位。只有如此，才能保证促销活动取得成功。

另外，商家在进行这种促销活动时，如果价格合理，就不必进行降价。反之，如果价格太高，就应该适当降价，以迎合消费者的心理预期。

2. 非常之举，刺激顾客跃跃欲试

　　打折、特价、返券，这是多数商家在搞促销活动时最常用的手段，消费者早已司空见惯，对此提不起多大的兴趣了，所以有时候商家有必要使用一些"非常手段"进行促销。如"文辉书店"的图书论斤称促销方式。

　　马文辉在二线城市一条热闹的马路边上，经营着一家名为"文辉书店"的小店，但是热闹的街市并没能为书店的生意带来多少利润。

　　偶然的一天，一个手拎菜篮，内装白菜的大妈来店，说要给孙子买几本动漫书。此时，马文辉开始琢磨：白菜可以论斤卖，为什么我这书就不能按斤卖呢？

　　一周后，一台电子秤赫然放在了收银台上。电子秤的上方悬着一张"图书10.8元/斤"的海报，显得格外引人注意，海报内容为：为缓解山量库存，急于销售一批新书，文学类图书10.8元/斤，艺术类图书20元/斤。例如一本标价380元的大部头《海上绘画》画册，书的重量是6斤，也就是120元。

图书过秤卖，让消费者们觉得很新鲜。买与不买，都会过来瞧一瞧问一问。渐渐地，口碑效应起了作用，三五成群的顾客接踵而至，抢购风潮很快波及了整个小城。

现在，我们通过数据来分析一下文辉书店此次促销活动的高明之处：以《海上绘画》画册为例，此书标价为380元，图书市场的出货价一般只有0.5折到0.7折，就算以1折引进，马老板的买入价为38元。如果按照市场常见的打折手段来卖的话，即使打了3折后，此书售价114元。但读者都会觉得太贵，因为感觉这些毕竟是滞销的库存书。

相比之下，如果称斤卖的话，每斤20元，这本书为6斤，那么最终的价格是120元，比打折价还高了6元。但即便如此，读者还是觉得按斤买书划算，因为多数人会觉得一本书没几斤重。可见，按斤卖书确实不失为一个创新且能赚取利润的高明促销手法。

这种"非常手段"的促销方式，旨在给消费者带来一定惊喜，从而吸引更多的消费者，并能刺激他们连续购买。

除此之外，还有破坏商品、阶梯降价、反季促销、气味促销等方式。

破坏商品，让良好口碑自动形成

很多消费者在购买商品时，往往都会有这样的心理：这件商品的质量怎么样？会不会用不了多久就会出现问题？对此，有的商家一再向顾客保证，一旦商品出现质量问题，在一个星期之内可以退换货，或者予以维修。尽管如此，很多消费者在购买一些价格不菲的商品时，依然会犹疑不决，这在很大程度上就抑制了他们的购买欲望。

可见，除去价格，商品的质量已经成为消费者最为关注的问题。正所谓"口说无凭"，不论商家用何种说辞向消费者保证商品的质量，但依然难以取得信奉眼见为实的消费者的信任。因此，有的商家就通过"破坏实验"促销法来展示商品的质量。

所谓破坏实验，指的是商家通过各种手段，对商品进行破坏。经受住破坏的商品，自然能得到消费者的认可；反之，就有可能会弄巧成拙。

这种促销方法虽然有些夸张，但对顾客却极具说服力，因而在与生活息息相关的商品中得到广泛的应用。

品茗家居是一家中等规模的家具城，里面的家具用品多以中高档为主。但是老板马东发现，自己的产品怎么也卖不过不远处一家中低档家具城。原因就在于，品茗家居的价格略贵一些，比如一张席梦思床垫，品茗家居的价格最低都在一万元左右，而其他家居城则四五千到七八千不等。由于家居用品从外表看起来都差不多，所以消费者看不到品茗家居贵的原因，因此也就没有了选择的理由。

基于此种情况，以及对自家床垫质量的自信，马东展开了一次大胆的促销活动，他雇了一辆自重26吨的压路机，然后将自家的床垫和从别家买来的床垫并排放在马路上，然后在行人的见证下，让压路机依次从床垫上行驶过去。然后在行人的惊呼声中，用刀子将床垫划开。这时大家才知道品茗家居的床垫贵在何处，经过压路机压过的床垫，依旧弹性十足，除了表面有些脏之外，丝毫看不出破损。而另外一张床垫的内部结构，早已经被压路机压得稀烂了。

经过这样一场"破坏实验"，品茗家居名声大噪起来，以前很多嫌贵的顾客，纷纷转变了看法，认为品茗家居的产品贵有贵的道理。俗话说："眼见为实，耳听为虚。"与一般展示商品质量的方式不同，破坏实验是在大庭广众之下进行的，强有力的视觉冲击很容易营造出热烈的气氛，从而能够有效地刺激消费者的消费欲望。

不过经营者在使用这种促销方法时，必须能够确保质量不会出现任何问题，这样才能保证促销活动取得成功。另外，也要把握一个度，不能为了显示商品的质量，加大破坏的力度。因为质量再好的商品，也有一定的承受范围，如果破坏力度太大，很可能会导致实验失败，如此一来，小心弄巧成拙。

冬装夏卖折扣低，有效清零清库存

对于很多商品来说，都是有季节性的，比如冬天卖棉衣，夏天卖短袖，而商家一般也是按照时令需求提供商品，因此也就有了销售的淡季和旺季之分。每到销售淡季，商铺就可能面临库存问题。

如何在淡季中实现库存商品热卖，成了所有店铺经营者最为关注的问题。有的商家就不按常理出牌，专门在夏季的时候卖冬季的商品，或者在冬天卖夏季的商品，这就是反季促销。反季促销有三个优势，一是反季商品有价格上的优惠，可以吸引顾客；二是能够减轻竞争压力；三是可以让店铺缓解库存压力，为新品上市做好品牌的宣传。

反季促销方法应用比较广泛，只要有明显时令差别的商品都可以应用这种促销方法。全国连锁火锅店品牌小肥羊就曾利用反季促销方法，在夏天推出了"清凉锅"，成功地吸引了大批食客。

多数消费者有"有钱不买半年闲"的消费心理，但面对反季促销商品优惠的价格，却很难不动心。尤其对于崇尚节俭的顾客来说，他们还十分喜欢在反季促销活动中挑选实惠的商品，然后囤积起来，应季而用。

阶梯价格，让顾客自动着急

店铺间出于竞争而大打价格战并不新鲜，但如何在百家争鸣的价格战中吸引顾客注意，这是每个商家都迫切希望比竞争对手多想出一步的强烈愿望。据说，一个名叫爱德华·法宁的美国商人就在这样的竞争压力中，发明了"自动降价"这一促销方案。

自动降价，顾名思义，就是商品价格会随着时间的推移而自动调整商品价格，显然，这貌似一个极为不妥的冒险行为，但实则不然。这种促销模式就是随着时间变化下调商品价格，如：第一个星期——原价销售，第二个星期——九折销售，第三个星期——八折销售等等。

运用这种促销方式，首先提前两天通过各种媒体渠道进行广告宣传，并在店铺前打出促销活动的广告，以"全场商品自动降价，没有最低价，只有更低价"来吸引顾客眼球。然后对店铺内商品进行归类和分配，并登记和上架。每种商品从上架第一天开始，前12天按全价销售；从第13天到第18天，降价25%；从第19天到第24天，降价50%；从第25天到第30天，降价75%，实行"跳楼大甩卖"；从第31天到第36天，如果商品仍未售出，则作为赠品送给顾客。

"自动降价"的促销方式实际就是商家与顾客之间的"拉锯战"，拼的就是心理素质和忍耐力，谁先撑不住谁就输了。商家开始实施这项促销方案时，可能效果并不明显，甚至有可能根本不开张，但是当商品的价格降到一定程度后，就会有顾客按捺不住前来购买。这个表面上看似"冒险"的方案，却牢牢抓住了顾客的心理。对于店铺来说，顾客是无限的，选择性很大，这个顾客不来，那个顾客也会来；但对于顾客来说，选择性是唯一的，竞争是无限的，自己不去，别人还会去，因此，最后妥协的肯定就是顾客。

运用这种促销方案时，经营者必须仔细衡量销量与利润率的关系。通常，需求弹性大，则表明消费者对价格很敏感，由降价引起的销售额的增长率大于商品的降价幅度，那么降价就是有利的。同时，这也表明降价促销对需求价格弹性小的商品不利，商家则应该明白这类商品不宜采用降价策略，否则会引发亏本的危险。

这其中，影响顾客需求弹性的有两个方面：一是顾客对商品的需求程度；二是商品使用时间长短。

3. 每逢佳节，都是购物的好时机

现在说起"双十一"，几乎无人不知无人不晓，"双十一"本不是什么节假日，只是人们针对数字"11.11"展开了联想，于是将这天定义为"光棍节"。起初这个说法只存在于年轻人之中，直到有一年被电商运用起来，在这一天搞了一场大规模的促销活动，活动当天销量剧增，"双十一"这一天一下子就成了一个特殊的存在。这一天虽然算不上是正经的节假日，但是对于消费者而言，却是一年一度不可错过的购物狂欢节。这几年更是有消费者为了省钱，熬夜购物。

对于商家来说，最爱的日子就是各大节假日了，因为有节假日的存在，各种促销就有了理所当然的"借口"。所以没有节日，商家也会制造一个"节日"出来，就像"双十一"一样。那么对于已经存在的节日，如：春节、情人节、三八妇女节、端午节、儿童节、国庆节、中秋节等，我们就更加不能放过这个促销的好时机了。下面就以春节、母亲节、国庆节和中秋节为例，来说一说节假日促销的方式。

春节送红包，送吉得利

经营实体店的老板们，可能会发现这样一个现象，每逢春节前夕，店内的客流量都会远远高于其他时候，但是春节一过，生意也会经过一段时间的"冰冻期"。为了解决这一困境，2015年春节到来之际，在全国各地拥有连锁店的超市发举行了一次"送红包"的促销活动。

凡是在春节期间到店内消费满68元的顾客，都可凭购物小票在店内指定地点随机领取红包一个，而红包里装着的，有的是几元崭新的人民币，有的则是几十乃至几百元的购物代金券。而大部分顾客的消费数额都会远远超于68元，这样就不止领到一个红包。领到现金的顾客等于当场享受了优惠，而领到购物代金券的顾客，则能够根据代金券的使用规则，在下一次购物时，享受相对应的数额减免。

人人都想在春节这个传统节日中讨到一些吉利，超市发的促销方式不但非常契合春节这个主题，还用红包拉近了与顾客之间的距离，满足了顾客心中的期待。当场减免现金的顾客会记得超市发给他们带来的暖心举动，进而增加顾客对超市发的信赖；而领到代金券的顾客，则会为了享受实惠，而选择继续到店消费。

倡导关爱母亲之风，孝心促销一举两得

孝顺父母是中华民族的传统美德，因此每年的母亲节，就成了很多人向母亲表达心意的一个机会。而对于商家来说，在这个基础上进行促销活动，往往能为消费找到购买理由。

在天下所有的母亲看来，她们自然十分乐意在母亲节收到子女的礼

物，但同时又有很多母亲不愿意子女买一些不太实用的礼物。所以，面对这种情况，商家要做两手准备，一方面可以准备一些康乃馨，以满足喜欢鲜花的母亲，另一方面也要准备一些实用性较强的商品来开展促销活动，比如衣服、保健品、箱包皮具等等。此外，有的商家还将厨具作为母亲节促销商品，也取得了不错的促销效果。

福发家具店是一家专业经营包括家具、厨具、家用电器在内的家居用品店铺。在2017年母亲节来临之际，店里将厨具作为此次促销活动的主要商品，因为以往的母亲节中，孩子们送给母亲的礼物都是一些没有什么实际用途的东西，母亲往往只是在收到的那一刻感到高兴，但是之后用到的时候却特别少，但是厨具却是大部分母亲每天都会用到的东西。

同时，为了有效地吸引顾客，家具店还规定，在促销活动期间，凡是来本店购买厨具的顾客，均可享受6.5折优惠，同时还可以凭购物小票到服务台领取康乃馨一束或者母亲节精美礼品一份。

这样的促销活动令原本冷冰冰的家具变得更加具有人情的温度，同时也迎合了"亲情厨具"这一促销主题。如此贴心且周到的促销活动，自然会吸引顾客的注意，并能给顾客留下深刻的印象。

国庆佳节，非特定商品的最佳促销时机

十月一日是国庆节，是举国欢庆的日子，每年的十一长假历来被商家视为促销黄金周。与我国其他传统节日不同，国庆节没有特定的消费商品，所以可以用来促销的商品非常广泛，不管是食品、服装等日常用品，还是电器、家具等大件商品，抑或是手机、汽车等都可以列入促销

商品行列。

除了打折促销活动外，为了更加契合国庆节这个主题，"蛋糕"也是商家可以利用的促销武器。某地一家小型的连锁超市，就在国庆节期间举办了这样一场促销活动。

1. 一重礼——佳节大欢送

活动期间，凡是在本超市消费满48元的顾客，即可获得500毫升雪碧一瓶；凡是消费满88元的顾客，即可获赠雨伞一把；凡是消费满158元的顾客，即可获赠500毫升色拉油一瓶；凡是消费满238元的顾客，即可获赠德尔玛静音加湿器一个。

2. 第二重礼——与国同庆

十月一日生日或是名字为"国庆"的顾客，可凭在本超市购买38元的购物小票，凭身份证等证明身份的证件，到服务台领取8寸奶油蛋糕一个。

3. 第三重礼——玩转十一黄金周

活动期间，凡是在本超市购物满200元者，即可参加一次"幸运大转盘"活动；消费满400元则可参加2次"幸运大转盘"活动。

活动细则：

送蛋糕这个环节可将真实的蛋糕换为"免费领取蛋糕券"，这样不但可以避免无法统计具体数量的难题，也为商店节省了专门负责保存蛋糕的工作环节。但是这需要超市负责人事先与蛋糕店取得合作关系。

"幸运大转盘"上所标注的奖品，种类要尽量多样化，从购物券到洗衣粉再到现金红包等都可以，为了吸引顾客还可以设置一两个大奖，但是要调整中奖的概率。

　　几乎所有的行业，在国庆节举行促销活动，都可以用到以上方案。但需要注意的是，国庆节的法定休息日为7天，除了提前宣传的时间，必选的促销时间也应该是7天。当然，商家也可以根据实际情况适当延长促销时间，但最好控制在10天之内，如果太长，容易失去对顾客的吸引力。

4. 用主题作为支点，撬动盈利空间

说到"主题促销"，很多经营者认为，就是在店庆日或是节假日等日子里，搞一场促销活动就可以。实际上却并非如此。所谓"主题促销"，就是有主题的促销活动，它与普通促销活动最大的不同是：不仅关心你的销量，还要兼顾你的品牌。

因此，经营者若想进行"主题促销"，就需要注意，促销的主题与消费者的利益是否挂钩，同时与品牌的定位是否相干。下面列举几个成功的主题促销活动，以供经营者参考。

以环保为主题，提升品牌影响力

近几年，环境问题引起了人们普遍的关注和重视，并为此呼吁，要节能环保，过绿色生活。在这种大背景下，一些商家就把环保运动和促销活动联系在一起，推出了一种很有创意的促销方法。

"红苹果"油漆在当地是很受消费者认可的涂料品牌，一直以来销

量都非常不错。但是作为加盟商的张兵为了脱离经营困境，不但加大了广告宣传力度，还在广告中特地强调了"红苹果"油漆的环保性，但是依旧难以在众多的广告品牌中脱颖而出。

后来一位有营销经验的朋友帮张兵出了个主意，既然油漆的价格都差不多，那么不如在环保方面做做文章。现在大家都有了环保的概念，那么就顺势做一个与环保有关的促销活动。在朋友的指点下，张兵先到植物园与负责人进行了协商与谈判，以2万元的价格在植物园购买了一块空地，并将这块空地署名为"红苹果油漆专卖店"，同时张兵也享有在这块空地上植树的权利。

完成第一步工作后，张兵开始了第二步的有奖促销活动。活动规定：顾客只要在红苹果油漆专卖店消费满100元，就有机会进行抽奖活动。如果中奖，顾客就可以在植物园中的空地上栽种一棵树苗，并且可以根据自己的喜好给树苗命名。

对于在大城市生活久了的人而言，植树是一件十分有意义的事情，于是在活动开始时纷纷来到店铺购买商品参加抽奖活动，希望自己能够亲手栽种一棵树苗。大家植树过后，张兵每隔一段时间就组织员工和顾客去给树苗浇水。很快，空地变成一片绿荫，而且每棵树上挂着顾客的名字。

"植树"的促销方法十分巧妙地将店铺商品与环保理念结合在一起，既可以提高店铺的品牌力，消除部分顾客对店铺商品的质疑，还能够让顾客觉得促销活动具备一定的意义。这样一来，既提升了店铺的整体形象，有利于一些潜在顾客来店铺购买商品，也可以把一部分顾客变成店铺的固定消费客户，为店铺的持续经营提供保障。

那么经营者如何选择一个最适合自己店铺的促销主题呢？这就需要经营者明确自己店铺的规模和商品类型，制定适当主题才能够实现促销的最终效果，促进店铺的最终销售。

自由消费，自然盈利

现在在大街上，经常可见一些自助餐厅，这种餐厅最大的特点就是，只要交一定数额的钱并在不浪费的前提下，顾客随时可以取用自己喜欢吃的食物。这种自助方式极大地满足了多数喜欢自由的顾客，因而也受到了顾客的欢迎。

经营着一家名为"猫小姐"精品店的张雅静女士受此启发，将店里的一部分商品进行了分类摆放，分为A、B两大区域。在A区域，20元可以购买3件商品；在B区域可以购买5件商品，同时，她还把自助促销活动规则制作成宣传海报，分别张贴在两个区域以及店门外。

很多顾客看到广告海报后，都觉得颇为新奇，因为这种自助促销活动还是头一次遇到，所以好奇心大起，纷纷进店观看。结果，顾客们发现商品的质量很不错，有的顾客本来打算只买一件商品，但一看仅用20元就能在两个不同区域买到好几件商品，又觉得很划算，于是干脆放开手脚，挑选自己喜欢的商品。

这种促销方式简单易操作，只需要顾客交一定数额的钱，就可以在店铺挑选一定数量的商品。而且这个数额没有限制，交的钱越多，也就能买到越多的商品，比如10元能买3件商品，20元能买5件商品，以此类推。这种促销方法往往能够带动店铺商品的销售，适合一些超市、食品店、饰品店等店铺。但值得注意的是，经营者需要兼顾好商品的价格与品质之间的关系，既要将成本控制在合理的范围内，又要保证商品的质量过关。

抓准天时，巧借"东风"大促销

几乎每隔几年，不同的国家都会举办一些重大活动，比如说世界杯、奥运会等。这个时候，如果商家能借助盛会的喜庆气氛，进行一场促销活动，往往能够提升店铺的销售额，同时也能够扩大店铺的知名度。

具体做法是，在盛会即将到来之前，进行倒计时优惠促销活动。当促销活动与盛会一同开始后，早就收到店铺优惠活动消息的顾客会一拥而入选购商品。这种促销活动的特点就是巧搭某种盛会的顺风车，盛会巨大的影响力往往能够促进店铺商品的销售，进而能够有效地缓解库存压力。不过需要注意的是，虽然这种促销活动适用于绝大多数店铺，但是促销活动是借助盛会的影响力，所以活动仅限于盛会开始当天。

因为，倒计时促销活动就是借助盛会的影响力，因此，店铺可利用的促销点并不多。如果店铺也像盛会一样，也进行长达几天或者数天的活动，那么，很可能就会让顾客失去消费的新鲜感和消费热情。

5. 定价式促销最平凡，却也最好使

价格促销，在所有促销活动中，是运用范围最广泛的，同时也是最为快速有效、最能够实现购买的促销方式之一，并且在实施起来，也比较容易执行。

由于价格促销是以低价取胜的促销方式，所以商家在进行价格促销前，需要评估好人工成本以及广告投入等营销成本指标，因为这三个指标决定着商品定价的底线，即这件商品最低卖多少钱，低于这个价格就要赔本了。然后还要估算出预计的销售量，然后分摊到每一件商品上，这才是最终的促销价格。

下面列举几种常见的价格促销方式。

全场出厂价，一件也批发

以"厂家直销"为宣传点的促销方式，就是经营者在采购的环节中，不再经过层层的中间商，而是直接从厂家进货。在以往的营销模式中，一件商品从出厂到消费者手中，中间要经历总代理商、分代理商、分销售等环节，这样一层一层叠加起来，成本自然就高了，所以售价也就高了。

现在很多厂家会根据产品的特性尽量采取扁平化的销售渠道，厂家直销就是其中一种方式。这种方式能够让消费者以最优惠的价格购买到产品。所以一看到"出厂价"这几个字，消费者产生的第一印象就是——便宜。

2017年，北京朝阳区一家24小时便利店举办了一场店庆活动，在店庆活动期间，店内的生活用品、饮料副食等商品，宣布采用厂家直销的模式，哪怕消费者只购买一件产品，也能享受批发的价格。

在活动正式开始之前，便利店的经营者李文先生联系了厂家，购进了一批热销产品。备好货后，就进入了宣传阶段。李先生先是在店门口贴出了一张超级大的海报，以吸引来来往往的行人，然后又印了一批传单，到店铺周围人流密集的街道和小区里派发，传单上不但印有店里的咨询电话、微信二维码等联络方式，还印上了一张"5元的代金券"。

大范围的广告宣传，令活动的信息得到了有效的传播，活动开始当天，店内的客流量就大大超出了以往。虽然商品的价格较之前低了很多，但是销量却也上来了，达到了薄利多销的效果。值得注意的是，这种促销方式讲究的是"薄利多销"，所以在货品方面，要保证最足够多的库存，这样才不至于白忙活一场。

错觉折价，让顾客跟着感觉走

随着打折促销活动逐渐成为店铺常用的促销手段，不少顾客对此早已习以为常，甚至有的顾客认为，除去一些大品牌，其他名不见经传的品牌打折，也就意味着商品质量或者其他方面存在着问题。所以，他们在购买商品的时候，宁愿选择多花一点钱去买原价商品，也不愿意去买打折商品。

由此可以看出，降价促销作为一种常规的促销手段，已经很难吸引注重商品质量的顾客了。这就要求商家必须与时俱进，打折手段必须符合顾客的消费心理。于是，错觉折价促销法应运而生。

错觉折价，顾名思义，就是给顾客一个错觉：他们所购买的商品不是折扣商品，而是原价商品，只是商家在搞活动，给顾客让了一点利润而已。如果店铺采用这种促销方法，能够保证商品的市场地位不会降低，从而在顾客心中留下良好的口碑。所以，不管从商家的实际利润还是顾客心理上来说，都是一个很好的促销方法。

流行前线服装店的老板杜娇娇十分明白广大顾客存在着"便宜没好货"的消费心理，所以推出"随便挑、随便选"新型的促销方法——顾客只要花上99元，就可以在店铺里挑选一件不限原价的服装。

打出广告的当天，就有不少顾客慕名来到流行前线服装店选购衣服。流行前线服装店里的所有服装原价在120元左右，此次促销活动定价为99元，这个价格不高不低，既给顾客一种优惠的感觉，又给顾客一种不是打折商品的感觉，于是店里的衣服开始走俏起来。

与传统打折相比，错觉折价有效降低了顾客购买商品的戒心，满足顾客对商品质量的心理需求，吸引力更强，而且更具艺术性。案例中的流行前线服装店正是抓住了顾客的消费心理，直接给出降价后的价格，不明确告知顾客打了几折，通常都是全场商品一个价格，从而有效地消除了顾客心中对商品质量的质疑。

事实上，流行前线服装店将所有原价都在120元左右的服装全部降价为99元，也就相当于打了个8折而已，相比进货价格来说，促销活动期间依然有很多利润可赚，而且缩短了赢利周期，还不会担心库存问题。

买一赠一，看得见的实惠引顾客

买一赠一，顾名思义就是商家为了增加商品销量，针对顾客推出的一种鼓励方式，即根据顾客购买商品的总额或者数量，给予顾客一定比例的赠品。

比如：麦当劳的"第二杯"半价活动，还有一些蛋糕店"买一斤赠半斤"的活动，这些活动都没有明确地标注出打了多少折，事实上，它就是一种变相的打折，只是将传统的折扣方式通过赠品的形式表现出来。

这种促销方法之所以能够吸引顾客的最大原因，是很多顾客对店铺常用的折扣促销活动持怀疑态度，认为所谓的折扣都是在事先加价的基础上进行的，到头来商品的价格并没有因为折扣而降低。相比之下，顾客自然十分欢迎多买多赠的促销活动。

外婆红烧肉是一家连锁的中式快餐厅，新店在京东燕郊地区开张时，当地消费者的认知已经被"田老师红烧肉"先入为主，提起红烧肉套餐，首先想到的就是"田老师"。因此，为了开拓市场，外婆红烧肉没有像传统那样，大张旗鼓地开业，而是先进行了试营业，而且活动从试营业期间就开始了。

在试营业期间，凡是进店消费的顾客，均可以享受买一赠一的活动，即买一份送一份。在此期间，每天从营业开始到营业结束，门口都会用音响循环播放"买一赠一"的活动消息。由于店铺位置周围有很多写字楼，上班族居多，所以买一赠一的活动得到了很好的推广，许多上班族都搭伙来吃饭。

在为期一个月的试营业阶段，每天到店的顾客都是络绎不绝，甚至有的套餐不到傍晚就已经售空。试营业结束后，就是正式开张阶段，又是为期一个月的"第二份半价"。短短两个月的时间，外婆红烧肉就打开了在燕郊地区的知名度，并积累了一批固定的消费者。这种买一赠一的促销手段，其目的在于促销商品的同时，对新品牌或是同一品牌的新商品进行推广。

6
第六章

找准自我定位，是实体店
提升的必经之路

1. 一切皆以目标客户群为主

唐广胜学习美发多年，因为手艺精湛，很受顾客欢迎，于是萌生出了自己开店的想法，并在当地的一个大型社区外找了门店。他给自己店铺的定位是高档理发店，从豪华的装修到昂贵的定价，无一不体现出高端大气上档次的感觉。

但这个社区虽然属于大型社区，但是却不是高档社区，住在里面的人都是上班族。白天年轻人出去上班，只有老人或是不上班的妈妈在家里带孩子，而老人、不上班的妈妈，还有家中的小孩儿，又无法接受昂贵的定价，所以唐广胜的理发店几乎处于无人问津的状态，就是到了春节前夕，也还是没有什么人光顾，与其他理发店排大队的情形形成了鲜明的对比。勉强支撑了半年后，唐广胜赔光了自己所有的积蓄，只好选择关门。

总结唐广胜的经验教训，其实就是他没有准确地找到自己的目标客户群。经营一家实体店，讲究的是"天时、地利、人和"。"天时"就是详细了解整个区域的情况，譬如附近的社区、写字楼、学校、超市、餐饮等情况，还要了解这个区域内所居住的民众，他们的作息时间、年龄状况、购买能力等。"地利"是指分析人流的情况。在一条街上，经常会遇到这样的情况：左边很热闹，右边冷清清，虽然都是在一条街上，中间就是隔着一条马路，但人流情况可以说是天差地别。甚至有时候，只是隔着几步远的距离，有的店铺生意火爆，有的店铺就无人问津。"人和"就是对消费群的分析。比如：便利店7-ELEVEN的店铺都选择开在商业楼附近，因为周边都是上班族，所以7-ELEVEN每天早晨提供热乎乎的早餐，非常受欢迎。

总而言之，关于店铺的定位不是一拍脑门就可以决定的事情，而是要经过一定的市场调查，然后根据周边的消费人群来进行定位，或者是根据自己店铺的定位，将店铺开在目标客户群附近。

与唐广胜一样在这个社区同时开店铺的，还有一家售卖糖果烟酒的。这家糖果烟酒的生意就很不错。原因在于每个家庭都避免不了应酬这样的事情，而应酬时烟酒又是必不可少的内容。还有逢年过节或是走亲戚看朋友时，总要买一些礼品上门，这时候开在家门口的糖酒店，就正好符合人们的需求。

寻找客户群，并了解客户群的消费方式，将店铺开在他们出行必经的地方。经营实体店，产品好是立足的根本，但经营者也不能将所有的目光都放在产品上，还要将注意力放在寻找自己的目标客户群上。所以给店铺定位的同时，首先要将目标客户群考虑到其中，一切都以自己的目标客户群为主。

乐天玛特超市在经营的过程中，发现前来超市购物的大多都是年轻人，原因是年轻人会开车，所以愿意选择产品齐全但距离较远的乐天玛特来购物。而一些老年人由于不会开车，所以光顾的时候很少，但是老年人也是不容忽视的消费群体。

为此，乐天玛特决定开个免费班车，为消费者提供购物方便。但是如何确定路线，都走哪些社区，成了一个难题。这时经营者想到了一个办法，那就是在超市门口派发带有超市Logo的垃圾袋。然后隔天到各个社区走访，如果某个社区的很多垃圾箱里，都能发现乐天玛特的垃圾袋，那就说明这个社区里的大部分居民都会到乐天玛特购物。

于是，班车的路线图很快就根据垃圾袋出现的位置绘制出来了。因为班车是免费的，而且每个时间段都有发车时间，非常受那些老年人的欢迎。

对于一家大型超市而言，附近社区里的居民都是自己的目标客户群，将目标客户群牢牢掌握在自己手中，使之成为自己的忠实顾客，那就很难被竞争对手抢走了。

专门做老年人的生意

做老年人的生意，顾客大致可以分为两类，一类是家中有老年人的青年人，这种通常都是上有老下有小的情况；另一种就是老年人本身。按照消费能力来说，前者要大于后者。青年人在给自己的父母买东西时，价格并不是最重要的，重要的是品质如何，对父母是否有实际的用途。而老年人的购买能力看似有限，但实际上恰恰相反。由于老年人身体状况的原因，导致他们不愿意长时间逛街，同时由于生活的年代不同，他们对网购也不太熟悉。因此，电视购物就特别受老年人欢迎，据统计，大部分电视购物的消费者都是老年人。因为他们只需要打个电话，既不需要进行复杂的网购操作，也不需要走太远的路，就可以买到对他们而言很不错的产品。

这里的关键在于，产品是否能够得到老年人的信任。很多售卖保健品的实体店在面对老年顾客时，都不会直接将产品卖给他们，而是先通过一些小礼品的赠送，以及生活中无微不至的关怀，来取得老年人的信任，然后再给老年人灌输保健的概念，让老年人心甘情愿地为产品买单。

所以当经营者的目标消费群里是老年人时，可能在短期内生意不会很红火，前期要将更多的精力放在如何取得老年人的信任上，当得到老年人的充分信任后，再对自己的产品进行推销。

同时，在产品的选择上，也要充分考虑老年人的喜好。比如在穿衣方面，老年人喜欢比较宽松的，颜色要么偏暗沉一点，要么就要鲜艳一些的，穿起来以舒适为主。在审美上，老年人则比较具有时代的特征，当下的审美趋势不见得会被老年人接受。另外，需要注意的是，如果选择做老年人的生意，就要在各个环节都针对老年人的偏好，如店内的摆设、店铺的位置，以及店内产品的陈列等，不要既想做老年人的生意，又妄想着留下青年顾客，那只能令自己的店铺变得不伦不类，既无法取得老年人的喜爱，也得不到年轻人的青睐。

专门做女性消费者的生意

人们常说："女人和小孩的钱最好赚。"随着女性日益成为市场的消费主体，专门为女性打造消费专场已经成为流行趋势，例如：在日本有女士专用的地铁列车，车内完全按照女士需求来设计建造。

都市丽人服装店就是一家专门针对女性消费者的店铺，服装店老板徐丽丽将目标消费的群体定位在都市女性白领。这个群体有一定的经济基础和消费能力，更重要的是，她们是时尚潮流的引领者，工作之余，她们更多的兴趣是逛服装店，购买符合潮流的最新款服装。

鉴于女性消费群体对整个消费市场的重要性，许多商家针对她们的消费心理，从店铺的装修、环境、布置等多方面入手，为女性量身打造了专属她们的购物场所。都市丽人服装店，从远处看几乎很难发现它有什么特色，近看才会发现，服装店门口立着一张告示牌，上面赫然写着八个大字："女士专店，男士止步"。

与其他服装店不同的是，这家服装店的一切都围绕着女性消费者的需求而设定，高级的木质地板、柔和的灯光、舒缓的音乐、粉红色的背景墙、天鹅绒的软沙发，还有可爱的毛绒玩具熊，营造了一个非常温馨的环境。此外，店里设有三间试衣间，每间试衣间的地上都放着四五种不同颜色和风格的鞋子，以满足顾客的穿搭需要。试衣间的对面还悬挂了一面巨大的试衣镜，顾客从试衣间出来之后，就能直接看到穿着新衣服的效果。

而每当有男友或者丈夫陪同前来时，也并不会真正被"拒之门外"，反而会被请到店里的休息室中，这里不仅有一些报刊、书籍，而且还有免费的咖啡和饮料。这一举措有效地减轻了陪女性逛街的广大男性的疲劳，他们只需要在一旁享受由服装店提供的服务就可以了。同时，没有男士的催促，女性顾客就有了充裕的时间去挑选、试穿衣服，最后基本上都不会空手而归。

气氛轻松优雅的店铺往往能满足女性喜欢精挑细选的需求，店内巨大的化妆镜和考究的装修，又能满足女性顾客喜欢拍照的心理。这些都是促使女性产生购买行为的重要因素，但前提是，商家必须用有效的手段将女性顾客吸引到店铺里，这些因素才能发生作用。

专门做学生的生意

别看学生们没有挣钱的能力，但是他们消费的能力可一点都不低。家长给的零用钱，除了吃喝之外，往往都进了学校门口店铺主人的口袋里。

通常，孩子们的好奇心较强，求知欲望也较强，喜欢一切新鲜的事物。所以，当经营者的目标客户群体为学生时，就要时常留意孩子们平时爱看的电视节目，里面的主人公、故事情节等，然后选取跟其有关的产品来卖。另外，年龄段不同的孩子，对新鲜事物的关注点也不同。比如：低年级的学生通常对动画片感兴趣，所以他们喜欢的东西往往都跟动画里的主人公有关；而高年级的学生，往往会对时下的一些热门节目感兴趣，所以节目里的嘉宾也会成为他们的心头好。

值得注意的是，做学生的生意，要严格把控质量关。孩子们与成年人不同的是，他们不懂得保护自己，无法区分产品质量的好坏，所以作为商家，就要将质量的问题放在首位。

2. 寻找适合自己的定位

定位，对于实体店铺而言，是一项可以帮助企业在茫茫商海中找到立足点的"工具"，无论是大企业，还是小店铺，利用好定位这个工具，就能够帮助经营者避开强劲的对手和大量同质化的同行，找到更大的生存与发展空间。

那么，何谓定位呢？所谓定位，就是在对自己的产品和竞争品进行深入分析，对消费者需求进行准确判断的基础上，确定产品与众不同的优势及与此相联系的在消费者心中的独特地位，并将它们传达给目标消费者的动态过程。

蒙牛集团在创建之初，实力十分弱小，资金只有一千多万，这在乳品行业实在是微不足道。在当时的内蒙古，市场上的第一品牌是伊利，无论男女老少，都知道"风吹草低见牛羊，伊利奶粉美名扬"这句广告词，相比较之下，蒙牛就是无名小辈般的存在。

创始人牛根生明白，想要在这种情况下突出重围，就不能与伊利发生正面冲突，于是提出了"创内蒙古乳业第二品牌"的市场定位，并将这一创意放在了呼和浩特的户外广告上。一时之间，呼和浩特市区道路两旁的红色路牌上，都有了这样的广告"蒙牛乳业，创内蒙古乳业第二品牌""向伊利学习，为民族工业争气，争创内蒙古乳业第二品牌"。

在大部分品牌都恨不得给自己挂上"第一"的头衔，以彰显自己的能力与实力时，蒙牛将自己定位为"第二"。要知道，定位一旦在消费者心中形成，就会成为消费者对品牌的认知，"第二"就意味着不是最好的，而消费者通常却只认可最好的那一个。但是这一定位却又帮助蒙牛成功地避开了与伊利的正面较量，不但在消费者心中建立起了"虚心学习"的形象，还成功地借用了"伊利"这个大品牌的势出了自己的名。消费者一方面认识了蒙牛这个品牌，另一方面还觉得蒙牛这个品牌敢自称第二，说明自身应该也很强大。

蒙牛只用了8年的时间，就成为全球液态奶的冠军，这其中虽然有各方各面的原因，但是其品牌定位的策略也起到了关键性的作用。

定位的目的是要在预期客户的头脑里给产品定位，确保产品在预期客户头脑里占据一个真正有价值的地位，以掌控消费者心理，形成竞争优势。若是目的达不到，那就是失败的定位。

事实上，不管是一家公司，还是一个品牌，抑或是一家实体店，就算是个人，都需要定位。实体店只有在开店之前做好自我定位，才能够明确自己是一家做什么的店铺，要提供什么样的产品和服务给消费者，要把产品卖给哪一类人。如果这些问题得不到确认，那么店铺从何开起呢？

一个店铺最好只有一个定位，如果什么都想做，反而适得其反，什么都做不好。店铺的定位就是一种取舍，为了获得一部分客户，可能就会失去另一部分客户，找准自己最擅长的，果断下手。

解决卖什么的问题

开一家实体店，首先要解决的就是自己卖什么的问题。通常，会有两种选择模式，一种是自营式的，即店铺卖什么，取决于经营者采购了什么。开这类型的店铺不需要任何加盟费用，设备购置和装修风格也根据经营者自身的需求进行，经营的利润也会全归经营者所有。这种经营在管理上相对自由，可以随时调整经营策略，投资也较少。

另一种是加盟模式。与自营模式相比，加盟模式往往需要一定数量的加盟费用，所售卖的商品，也需要由加盟的品牌方进行提供。加盟店铺的好处是可以利用人们对大品牌的了解与信任，较容易地获得市场和顾客的青睐。其次，由于售卖的商品都是由加盟的品牌提供，所以在保证进货质量和效率上具备一定的优势。最后，对于加盟的店铺，加盟总部都会进行相应的扶持帮助，这样可以让经营者在较短时间内掌握到先进的管理方法。

经营者可以根据自身的实际情况，决定自己选择哪种模式。若是资金有限，但却拥有较为靠谱的货源，则可以选择自营式；若是资金充足，但是却没有靠谱的货源，那么加盟店铺则更适合一些。

解决叫什么的问题

自己的店铺要起一个什么样的名字，这可不是一个"一拍脑门"就能解决的问题。要知道，位于加勒比海上的猪岛在改名为天堂岛之前，一直都是默默无闻的角色。名字就像钩子，能够把品牌挂在潜在顾客心中的产品阶梯上。所以你店铺的名字必须是能够体现店铺主要特点的名字，这样，才能够让消费者加深对你的印象和理解。

所以很多实体店铺在起名字时，习惯于将名字与自身售卖的产品内涵融为一体，比如一家售卖日化用品的店铺，直接给自己的店铺起名为"日化店"，顶多前面再加上店主的姓氏或是名字。

这样虽然可以让消费者一眼就知道店铺的属性，但同时这样通用性的名字，也令店铺失去了在消费者心中定位的机会。比如莱特啤酒，英文名为"Lite beer"，凭借这个名字，莱特啤酒成为第一个在消费者心中定了位的淡啤酒品牌。但是这个名字也成了莱特啤酒的一个巨大的劣势，因为"Lite beer"的发音与淡啤酒的通用名"Light beer"一致，所以导致米勒公司无法用"Lite beer"建立品牌。后来莱特啤酒改名为"米勒莱特"，但是却也错过了占领市场的最佳时机，被后来者百威居上。

3. 定位，也是店铺位置的确定

经营一家实体店之前，除了要考虑自己经营什么种类的商品外，另一个需要考虑的重要问题就是选址，即店铺开在什么位置上。要知道，好的选址，往往决定了店铺生意的兴旺。举个例子，当离消费者最近的便利店和离消费者较远的大超市都有消费者想要购买的商品时，消费者一定会为前者贡献销售额。因为走更远的路会花费消费者更多的时间和精力，这就在无形中削弱了商品的价值，增加了消费者的成本。

在店铺选址方面，麦当劳几乎是百分之百成功，以至于在业内曾流传着这样的说法："选铺跟着麦当劳，肯定没错！"那么麦当劳都是怎样选址的呢？

当为一家新店铺进行选址时，麦当劳都是慎之又慎，会花大约三到六个月的时间进行考察，考察的项目十分细致，从店铺位置是否与城市规划相符，到店铺周围20年的时间内会不会出现市政动迁这样的问题，都在其考察范围内。

当初麦当劳在北京动物园开店时，选择了动物园向南第二个街区内。这个选择当时被人质疑，毕竟麦当劳的老对手肯德基，可是将店铺设在了动物园前的主干道上。结果到了2000年，路南的第一街区因为在拓路红线以内，而被夷为平地，而第二街区一跃成了临街主干道，麦当劳也成了临街店。这都要归功于选址员的冷静预测和精准分析。可以说，想经营好一家实体店，好的选址等于成功了一半。那么，在为店铺选址时，我们都应该考虑哪些因素呢？

人流决定客流，客流影响营业额

王晶一直想开一家便利店，在经过走访后，她发现自家小区天润园附近没有便利店，而且附近还有两个规模中等大小的社区，于是王晶便在自家小区附近租下了一处门脸，但是开张后她才发现，尽管她十分卖力地宣传，店里的客流量依旧少得可怜。究其原因，在于王晶只看到了社区附近没有便利店，却没有进行深一步的调查研究，这些社区都是新社区，入住率很低，虽然没有竞争对手，但因为人流量小，所以客流量也小，自然营业额就上不去。

实体店选址首要考虑的因素就是客流量的问题，其中包括现有的客流和潜在的客流。而现有的客流和潜在的客流，又可以分为三大类：

第一类是那些有目的专门为购买某种商品而来的顾客，这些顾客是实体店客流量的基础，也是店铺销售收入的主要来源。因此，这部分顾客是实体店要牢牢抓住的群体，店铺在选址时要首先为这部分顾客考虑，争取选择在离这部分顾客最近的位置。

第二类顾客被称为分享客流，指的是店铺与附近其他店铺一起形成的人流量中的客流量，这种分享型的客流通常产生于经营商品相互补充且经营类型不同的店铺之间，如：顾客到专门经营鲜果蔬菜的店铺中买了蔬菜，然后还会到附近的肉铺去买肉，也许还会到调味品店去做一些补充购物。所以很多店铺在选址的时候，会选择在大店的周围，以此分享共同的客流。如：一些小的便利店会将店铺开设在大型超市的附近，这样很多有购物需求的人，会因为自己买的东西种类不多，而便利店内又有相同的商品，转而选择在便利店消费。

第三类叫做派生客流，指的是那些顺路进店的顾客，这些顾客往往没有明确的购物目的，只是为了转转逛逛，看能不能恰巧买一些用得着的产品。这种客流一般集中在车站、旅游景点。

经营者在选址的时候，要根据自己的经营，将店铺设在潜在客流最多，最集中的地点，以便多数顾客购买。

举足轻重的商圈分析

商圈是指实体店所在地能够交易的范围，经营者通过对商圈进行调查，可以了解到周边的潜在客户群、人均消费水平、交通便利情况等，综合以上情况，就可以判断出，此地是否适合开店。因此，在开店之前，就对商圈进行明确的分析显得尤为重要。

通常，以步行为主的商圈通常分布在居民区、办公楼附近，以店铺为中心辐射半径100～300米的地方，既方便行走，又可以自由出入的位置，就是最佳的地理位置；以车辆为主的商圈，通常都是在郊区或是马路边，这种商圈要求有足够的停车位，并且有良好的视觉效果，能够满足一般车主的要求就可以。

另外，各种住宅小区附近、大中小学附近，办公写字楼林立的地方、商业行为集中的地方，以休闲娱乐消费为主的地方，都形成了一定的商圈范围。

根据商圈的不同，经营者可以根据自身商品的种类进行选择。比如：店铺若经营的是餐饮方面，选址就可以在以休闲娱乐消费为主的商圈，因为人们玩累的时候，总希望有地方可以休息一下，吃吃喝喝一番。

交通便利也是选址时的重要因素

交通便利通常指以下两个方面：一是在店铺门口或周围有没有足够的停车位。在张市最繁华的街道上，有两家超市，一家名叫超市发，一家叫家家悦。在商品种类上，两家超市差不多，价格上也不相上下。不同的是，超市发在当地已经开了十多年了，而家家悦只有一年时间，可是从客流量来看，家家悦却丝毫不逊色于超市发。原因就在于，超市发展得较早，那时候开车出门购物的人占少数，所以超市在选址时，没有考虑停车的问题，因此超市发没有专门的停车位。开车来购物的顾客，只能将车停在路边，冒着时刻被交警贴条的危险。

而家家悦超市开得较晚，并且早已看出超市发存在的问题，所以在超市下方设置了非常大的停车场，并且前来购物的顾客，可以享受两个小时内的免费停车。在几乎家家都有私家车的张市，家家悦自然后来者居上。

除了停车问题外，店铺的位置是否方便补货也是需要考虑的另一个因素。天津城市花园小区旁的近邻便利店，当初在选址时，就没有考虑这个问题。开张后，经营者才知道小区不允许货车进入，所以每次补货，经营者都只能用自己的小汽车，而小汽车的补货量又十分有限，无形中增加了经营者的经营成本。

所以，经营者在选址时，要充分地对店铺周围的交通情况进行考察，店铺门前的街道是否是单行线、是否是禁止车辆通行的街道、街道护栏与人行道之间的距离远近等，都会严重影响到客流量。

附近是否有竞争对手

在店铺的周围是否有竞争对手，对店铺的营业额会产生非常大的影响，所以在选择店铺地点时，一定要分析周围的竞争对手。通常，地理位置优越的地方，竞争对手也会相对多一些，但同时也说明了这个地段的客流量较多；反之，地理位置稍差的地方，竞争对手也会少一些。经营者在选址的时候，要综合这两点来考虑。如果附近竞争对手较多，就要考虑是否达到了饱和状态，还有没有可挖掘的利润空间。如果附近竞争对手较少，也不要盲目乐观，还要对周围人流量以及客流量进行分析，是否存在着大量的潜在客户群，如果存在，那就是不错的选择。

4. 令人耳目一新的差异化定位

当今市场的实体店铺，产品间同质化严重，营销策略也是大同小异，这样的后果就是，各商家深陷在竞争激烈的"红海"中，而摆脱这种困境的方式，就是进行差异化定位。

中国零售业的元老级人物——厉玲，被称为"百货女王"，她曾在自己的书中说："定位有多种展现形式，在已经有成功的定位对象占据市场的前提下，新生的追逐者如果只是一味模仿，并不是一个明智的选择。学会寻找已有商业形态定位间的差异性，才是崛起的方向。在厉玲看来，定位与定位之间必然存在着可以再度"闯入"的间隙。

在市场上，全面超越竞争对手是很难的，要做的和竞争对手不一样则相对比较容易。现在市面上的电动车性能几乎没有什么差别，但绿岛电动车却从这些大同小异的功能中，找到了那个"小异"之处，那就是绿岛电动车可以在水里"游"。为了突出这一点不同，绿岛电动车专卖店举办了这样一场活动，在活动现场设置了一个长方形的水箱，并在水箱中放满了水，然后将绿岛电动车置于水箱之中发动。这一举动引来了很多人的关注，毕竟大家还是头一回见到可以在水里发动的电动车。

或许其他电动车也有这个功能，但是却没有挖掘出来，绿岛电动车捕捉到了这个差异点，在消费者心中与其他竞争对手出现差别。不一样，就意味着差异化，意味着竞争优势。差异化定位的核心，就是通过提供差异化的产品和服务，为消费者提供价值，让消费者认可和买单。

几乎每一座城市都有那么一两条小吃摊位聚集的街道，那里客群严重重叠，竞争也相当激烈。但仍旧有一些小店铺凭借着差异化的定位取胜，其中牛根生经营的"半夜面馆"就是其中一家。在大部分小吃店的营业时间为上午十点到晚上十点的情况下，半夜面馆的营业时间就如他的店铺名称一样，晚上十点才开始营业，一直营业到凌晨四点。或许有人会奇怪，凌晨四点谁还出去吃饭呀？事实上，这样的人还真不少。有一些出租车司机经常会来惠顾，还有一些需要值夜班的人员也会前来惠顾。

半夜面馆就是通过时间上的错位进行差异化的经营，做到了和周围小吃店不一样的服务，抓住了一部分细分人群。还有一些借人流进行差异化经营的店铺，比如开在大型超市里的包子铺、汉堡店等。

在零售行业，有这样一句玩笑话，说："一家沃尔玛，整死一个小街区。"意思就是说沃尔玛里面卖的东西太全了，完全没有给其他店铺留下可以生存的余地。但事实上却并非如此，很多小店铺专门围绕着沃尔玛、家乐福这样的大型连锁企业来立足，却也意外地取得了不错的效果。

因为对于很多并不需要进行大量采购的消费者而言，逛沃尔玛有些费时费力了。假如你只需要买一瓶水或是一包烟，你会选择去货多人也多的大超市？还是会选择进去就能买，买上就能走的小便利店呢？对此，大部分人都会选择更加快捷的便利店进行购买。所以说，从某种程度上来讲，沃尔玛可以整死一条街区，但换个方向来思考，沃尔玛同样也可以激活一条街区，关键就在于经营者能不能为自己找到差异化的定位。

经营者想要在激烈的商业竞争中找准自己的定位，只是关起门来冥思苦想是没有用的，必须要打开门走出去，亲自面对市场，面对品牌，面对对手，接收外部信息，通过观察分析已有竞争对手的定位"空白"，并权衡自身的实力后，才能够精确地找到自己的定位。具体来说，要进行差异化的定位，经营者可以从以下几个角度切入：

从经营模式上进行差异化定位

所谓的经营模式，也称为商业模式。商业模式其实就是企业的发展战略，对于实体店而言，就是实体店的发展战略，即经营者要通过什么样的方式去经营店铺，实现盈利的目的。在这一点上，好市多的经验就十分值得经营者们借鉴。

与其他超市不同的是，好市多采用的是会员制的经营模式，想要在好市多购物，就必须要花钱办理会员卡。而想要在好市多以非常低廉的价格购物，前提就是要在好市多进行"多频次、大额度"的购物，所以在美国，无论是电商，还是线下零售店铺，在与好市多正面交锋的时候，都很难取胜。

另外，在采购方式上，好市多也与其他大型卖场不同，大部分超市讲究的是产品品类齐全，而好市多在采购时，讲究的却是数量巨大，但品类不多，这为好市多进行低价采购提供了基础。虽然好市多的产品种类不够丰富，看似让消费者失去了更多的选择权，但事实上，好市多已经帮顾客找到了最合适、最便宜，以及使用频率最高的产品。

好市多就是从经营模式上进行了差异化定位的典型代表，所以它有效地避开了线上线下的激烈竞争。

从地段上进行差异化定位

说到开店选址，大部分经营者会将注意力放在那些人流密集的大型商圈，如城市中心、CBD等，这类地区地段固然好，但这也决定了这些地方的租金高、竞争激烈。相反，那些二线商圈、三四线市场、农村市场，以及社区，虽然人流量不大，但是租金相对的也会低一些，竞争也会少一些。

五星电器的经营者刘楠起初将店面选在了城市的核心商业圈，但是经营之后才发现，虽然地理位置优越，人流量巨大，由于品牌不够响亮，很难赢得消费者的关注，再加上租金高，使得五星电器的经营越来越难。

经过重新定位后，五星电器决定放下身段，将渠道下沉，改为将店铺开到"犄角旮旯"去的策略，由大城市转战到了县乡级市场。这一改变，扭转了五星电器的经营局面。离开了竞争激烈且增长空间有限的核心商业圈，提升了自己差异化的竞争优势，实则聪明之举。

其实，不一定只有在核心商业区才能获得最大的经营优势，最大的经营优势在于离顾客最近，离顾客越近，竞争优势就越大。

从品类上进行差异化定位

实体店经营者在选择产品种类时，要尽量避免在数码产品、服装产品等电商具有明显优势的领域里与电商进行正面竞争。比如：在图书零售方面，实体店与当当网相比，几乎没有什么优势可言，但是在商品品类上，还有可以进行差异化竞争的优势。电商经营新书，实体店可以经营旧书、特价书、稀缺书、教辅书等等。

其次，还可以通过线上线下相结合的方式，进行高低档次相搭配，实现差异化经营。现在很多书店会这样做，将线下的实体书店作为高端店铺经营，只提供高价正品书和高质量高价书。而网店则作为低端店经营，用于处理实体店积压的库存以及过气的图书，这样，就能有效地避开正面的竞争。

从服务方面进行差异化定位

服务，是实体店可以抓住的超越电商的好机会，实体店提升服务水准，就可以靠温情的服务打动顾客。甚至差异化的服务达到一定的境界后，还能将线下的竞争对手远远地甩在后面。

比如海底捞，服务好到了"变态"的地步，一提到海底捞，首先进入消费者头脑中的词汇，就是"服务"二字。这一点，不仅仅让同行嫉妒，甚至还引来了跨行业之间的学习与模仿。所以，当在以上三个角度都无法找到竞争对手的定位"空白"时，就不妨去努力提升自身的服务水平吧。

5. 定位"小而精"，引领细分领域

中国有个成语叫"贪多嚼不烂"，比喻工作或学习，贪多而做不好或吸收不了。这个道理用在实体店经营者依旧行得通。李嘉诚曾说："只拿六分，让别人多赚两分。"因为月满则亏，水满则溢。可是在现实中，人往往容易被"贪念"迷住了双眼，凡事都想把好处占尽，这也想做，那也想卖，看别人的店铺做得火热，自己就眼红跟风，恨不得将天下所有的顾客都收进囊中。

作为经营者，能够讨好所有的顾客吗？显然不能，毕竟每一个人的爱好是不同的，就算是零售巨鳄——沃尔玛，其拥有近1.5万种商品，也不敢说自己能够满足所有人的需求。在经营的过程当中，有时候需要做加法，即多种业态想混搭，最大程度上涵盖消费者群体；但有时候也需要做减法，放弃眉毛胡子一把抓的做法，只做一小群人的生意，若是能够将这一小群人牢牢地抓在手中，那就是成功。

"小而精"就是指小而精致，规模不一定很大，渠道也不一定很广，产品的数量也不一定很多，但是每一样都是精品，都投入了经营者的心血和热情。

路双敏女士经营的"双子座手感烘焙坊"是一家专门从事烘焙的蛋糕坊，与其他蛋糕坊一进去就能看到琳琅满目的蛋糕不同，"双子座手感烘焙坊"只经营生日蛋糕，其余那些小饼干、小点心统统不做。有人可能会说，这样的经营会让老板流失掉很多顾客，毕竟不是天天都有人要买生日蛋糕。但事实却恰恰相反，双子座的生日蛋糕销量能够占到全城所有蛋糕坊销售总额的40%，也就是说，十个人里面，就有4个人会选择从他家订蛋糕，而全城说得上名字的蛋糕坊就不下30家。

最忙碌的时候，老板娘陆女士从早晨五点就起来烤蛋糕，一直要忙乎到晚上十点，中间丝毫没有休息的时间。如果她不提前告知顾客她哪天休息，恐怕365天，她连一天都休息不上。

为什么只卖生日蛋糕还能将生意做得这么好？难道天天都有那么多人过生日吗？当然不是，因为双子座的蛋糕好吃，很多人不过生日，也会找个理由给自己买块生日蛋糕吃，比如：结婚纪念日、升职加薪了等等。

因为经营的种类只有一种，陆女士可以将自己所有的精力都放在制作生日蛋糕上，当订单较少的时候，她就会从各种渠道学习，尝试着做出更多的花样。有一次，一个顾客想要买一款美人鱼的生日蛋糕，之前陆女士从来都没有做过。但她还是接下了顾客的订单，接着就开始琢磨怎么去做。她用了整整两天的时间，终于将蛋糕做出来了。她用白色的巧克力做出了人鱼尾巴的样子，并涂上渐变的浅蓝色闪粉，然后用果冻做出深蓝色的冰晶，白色的奶油做出海浪的样子。

当顾客拿到蛋糕后，直呼漂亮得舍不得吃，并在自己的社交网络上各种发图炫耀，给陆女士做足了广告。

看到这里，就不难理解为什么"双子座手感烘焙坊"能够以一己之力占领近一半的市场份额了。更不要说，除了手艺好以外，在用料等方面，"双子座手感烘焙坊"也是十分讲究的，力保消费者吃到嘴里的，都是最健康的。甚至有时候原料断货，陆女士宁可不做蛋糕，也绝不使用低档的原料。

小而精，对应的是大而全，将自身定位为小而精的经营者往往能在很小的细分市场内将产品和服务做到极致，这并不是一件容易办到的事情，它要经营者有一颗"专注追求极致、常年如一日坚守"的心，要能够耐得住寂寞，经得起诱惑。

那么，小而精的店铺都是什么样子的呢？

追求更少、更准和更好

经营店铺，经营者往往会致力于给顾客提供更多种的选择。如餐馆厚厚的菜谱就是最明显的体现，但有时候，为顾客提供更多的选择，也未必是好事，反而会成为他们购物时的阻碍，因为种类过多，他们往往不知道该选些什么了。

在餐馆吃饭时，几乎每个人都会遇到这样的情况，看着满是美味佳肴的菜谱，却不知道该点哪一个，于是随便点几个看起来好吃的，名字叫起来好听的，结果上菜之后，发现有的菜并不如自己想象的美味，由此产生不美好的消费感受。

因此，很多店铺开始做减法，追求产品种类更少，但是却能够准确抓到顾客所需，确保质量上乘的经营方式。对顾客而言，这样的方式，大大减少了顾客纠结的时间，因为没有花费什么力气，因此用餐的心情也会变得愉悦起来。而对餐厅而言，菜品少就意味着使用原料的种类少，但是数量大，这就减少了采购的成本。同时，因为菜品少，所以提高了后厨的制作效率，令菜品的口感相对稳定不说，还能大大减少顾客等餐的时间。这对追求高效率和简单化的消费者而言，是十分不错的选择。

经营者在追求更少、更准和更好的时候，一来要培养自己的市场洞察能力，准确地找到更加精细的市场分类，二来要培养自己的审美能力，只有具备了"美感"的产品，才能称之为精品。

追求简单和极致

QB House是一家日本连锁理发店，自从1996年开业以来，QB House已经在日本、中国香港、新加坡、马来西亚等地开设了近550家分店，平均每月有超过125万的客流量。

QB House的特点就在于简单，简单到了极致。其创始人小西国义曾经在一家理发店理发，不但排队等候很长时间，还要忍受繁琐的服务和理发师喋喋不休的推销。这一切令小西国义十分痛苦，于是他决定开一家极简理发店。

QB House由此诞生，在QB House只提供剪发服务和基本造型服务，不提供洗吹染烫等服务，在剪发过程中，不会向顾客推销任何产品，剪一次发的费用大概在1000日元左右，相对低廉。卫生十分到位，顾客使用的是一次性围巾，非一次性用品都做到了一客一消毒。为了提高效率，QB House没有专门的收银人员，所有的顾客都是自助付款。

当理发的人数比较多时，顾客就可以根据等位处的信号灯进行选择等还是不等，绿色表示无需等待，黄色表示等待5~10分钟，红色表示要等上15分钟以上。顾客看到灯的颜色，就可以合理安排自己的时间，连询问的环节都省掉了。

古人云：大道至简。有时候真正难做的不是复杂，而是做得更加简单。但值得经营者注意的是，简单并非简陋，简单是从消费者的实际需求出发，为了提高消费者满意度而采用的方式，这里包含着经营者的用心与讲究，去掉了顾客不需要的部分，但充分满足了顾客需要的部分。

追求个性化

小而精的市场定位，其实就是满足消费者小众化的口味。随着市场消费主力军渐渐向年轻的一代人转移，很多主流的产品变得越来越没有市场了，原因在于年轻一代人的消费趋势已经从模仿型到个性化多样化了。

美国《连线》杂志的主编曾经在《连线》杂志上发表了一篇名为《长尾》的文章，将"长尾理论"带到大家面前。所谓长尾理论，就是指只要产品的存储和流通的渠道足够大，需求不旺或销量不佳的产品所共同占据的市场份额可以和那些少数热销产品所占据的市场份额想匹敌，甚至更大，即众多小市场汇聚而成的市场可以同主流市场相匹敌。也就是说，企业的销量不在于传统需求曲线上的那个代表"畅销商品"的头部，而是那条代表"冷门商品"经常被人遗忘的长尾。

这个理论很好地诠释了人们的追求越来越趋向于个性化和多样化

了。追求个性化消费的顾客，他们的购买驱动不再是价格，而是兴趣，只要能够从消费中获得参与感、认同感和满足感，就能够引起消费者的购买兴趣。

为此，全球最大的咨询公司埃森哲为经营者提供了六个努力的方向，其中包括个性化的互动，而这是大部分国内消费者都乐于接受的方式。"个性化互动"具有"非标准化""定制性"的特点，包括提供非标准化的产品或服务，或提供小众化冷门的产品，抑或提供个性化产品和服务的组合，这些都能够在最大限度上满足消费者个性化的需求。

第七章

借力互联网，是实体店
绝地反击的机会

1. 微信，不可忽视的战略要地

2. 还没玩转自媒体，你就 OUT 了

3. 搭建数据平台，新老顾客一把抓

4. 在互联网时代，得粉丝者得天下

5. 实体也要开网店，线上线下两手抓

1. 微信，不可忽视的战略要地

有人曾说，在互联网时代，谁占据了用户更多的时间，谁就是赢家。相比较电商，实体店有自己的优势所在，那就是店铺就开在那里，不管怎么样，总有人会走进去看看。而网店则不同，信誉度不高，没钱做推广的情况下，就会无人问津。但是实体店也有自己的短板，那就是顾客一旦走出了店铺，就离开了经营者的掌控范围，这时候，网络就成了一种很好的工具。

据调查，截止到2017年，微信的日活跃账户已达近8亿，是美国人口总数的3倍。上至七八十岁的老人，下至咿呀学语的孩子，不分男女，不分城市乡村，也不论会不会使用电脑，都在使用微信。这其中，大部分人早上起来的第一件事情，就是先看一看微信，在上班路上也会用看微信来打发时间，晚上睡觉前，也会先看一会儿微信。甚至就连上厕所的时间，也会被微信占用。可以说，微信占据了人们几乎所有的碎片时间。这个惊人的数据背后，让不少精明的商家看到了商机所在，微信就是一座金矿，一座人人可以开采的金矿。

因此，很多实体店都做起了微信公众号。做家具装潢设计的尚品宅配，就投入了很多精力来打造企业的微信公众号，现在微信公众号的粉丝量已经达到了几百万人，很多在线上下单的顾客，都是通过微信公众号转化而来。

相比较网站，这就是微信公众号的优势，网站虽然可以通过内容吸引一批忠实的粉丝，但网站与网友之间没有牢固的纽带，网友需要输入网址，或者域名才能够访问网站，这无形中就增加了网友的访问阻力。而微信公众号以微信为基础，网友无须特别搜索，只要公众号有推送提醒，网友打开即可看到文章内容，所以微信公众号成了很多网友打发时间的首选。

如果微信公众号做得好，作用就不仅仅是宣传这么简单了。例如：十分有名的年糕妈妈。年糕妈妈是一个专门写母婴类文章的公众号，年糕妈妈本人叫李丹阳，拥有医学硕士学位，当有了自己的孩子后，就成了全职母亲。她利用自己的知识，经常在微信公众号上发表一些育儿经，由于观点专业，又乐于分享，很快李丹阳就成了妈妈群中的育儿专家，积累了一大批粉丝。

渐渐地，年糕妈妈公众号内的粉丝越来越多，一周三篇文章的速度显然已经无法满足大众的需求，于是李丹阳开始着手组建了自己的团队。两年期间，年糕妈妈公众号内共发表了500篇文章，其中最"畅销"的文章阅读量达到了200多万次。有这样巨大的流量，还愁带不来利润吗？

在与妈妈们交流的过程当中，李丹阳发现，大家对优质母婴用品的需求同样迫切，很多粉丝会在公众号内询问如何购买文章中提到的用品，于是有赞微店应运而生。而这，还不是年糕妈妈的终点，李丹阳一方面在开发付费的课程内容，另一方面开始推出定制品，主打高性价比的母婴产品。

年糕妈妈属于先经营了公众号，后通过公众号的力量，建立起店铺，并利用公众号带动店铺的销量。而对于已经有店铺的实体经营者而言，运营属于自己店铺的公众号，那就更加有必要了。

就拿优衣库来说，在优衣库的公众号中，消费者除了可以查新品，查门市外，还可以通过扫码查看某件衣服的库存状况。不管消费者有没有走进实体店，都可以通过公众号随时了解相关的产品信息。

在新产品上市时，优衣库还会在公众号上进行有趣的互动游戏。以格纹为主要特色的法兰绒上市时，公众号中就有这样一个小游戏，消费者可以根据游戏提供出的不同色块，选择其中的两种，选好后摇一下手机，屏幕上就会出现由这两个色块搭配出来的格纹效果。如果不喜欢，也没有关系，再摇一下，就会出现另一种格纹。当摇到了自己喜欢的格纹图案后，随之就会出现带有这种格纹的衣服全貌。

在优衣库公众号发表的文章内容精彩程度虽然一般，多数都是以促销信息或是产品展示为主，但是由于优衣库本身自有的庞大的消费群体，使得并不出彩的文章也会有相当高的阅读量。

对于优衣库来说，微信公众号为企业完成了及时更新产品优惠信息、领取优惠券、为消费者提供长期的体验等重要的职能。那么，对于实体店经营者来说，怎样去运营自己的公众号呢?

微信公众号与服务号之间的区别

在注册微信公众号的时候，很多经营者发现会出现两个选项：订阅号与服务号。那么这两者之间有什么区别呢？

订阅号和服务号都是用来发表文章的平台，它们二者的不同之处是，订阅号每天都可以推送文章，而服务号一个月只能推送四次。订阅号发表后的文章会折叠出现在订阅号的文件夹中，用户不会收到提醒，想要看文章，需要打开文件夹才可以。而服务号新发表的文章会出现在用户的好友聊天列表中，用户会收到新消息提醒。

在功能方面，订阅号需要发表文章到一定的数量，才能够开启自定义菜单等功能，而服务号从一建立开始，就拥有自定义菜单等功能，可以同时发表多篇文章。订阅号无论认证与否，都无法完成微信支付，而服务号认证成功后，就可以建立微信商城，并且可以进行微信支付。

在运营管理方面，订阅号只支持单个客服服务，而服务号支持多客服在后台与粉丝进行互动。另外，不管是订阅号还是服务号，在申请的时候都不需要付费，但如果要进行认证，都需要花费300元的认证费用。不管认证成功与否，300元都不予退回。不同的是，订阅号一旦认证成功，就可不再缴费，而服务号每年都要收取300元。

至于要申请订阅号，还是申请服务号，就要根据经营者自身的需求进行选择了。只有选择了适合自己的，才能够将微信公众号的功能发挥到最大。

先博取关注，再赢得信任

运营微信公众号的第一个难题，就是如何让消费者关注自己。第二个难题就是如何让关注了自己的用户不再取消关注，并且成为忠实的粉丝。

对于第一个难题，优衣库是这样做的。每一个到优衣库线下实体店购物的消费者，都会得到店员这样的提示：扫码关注二维码，可以享受全场折上折的活动。基于优衣库的客流量巨大，这一活动可以吸引近百万的粉丝量。同时，在店端商品POP上也印着优衣库的二维码，顾客不但可以通过扫码了解更多产品的信息，而且还成为优衣库公众号的粉丝，同时还可以享受折扣。这对消费者而言，是一件有百利而无一害的事情，消费者自然乐意为之。

因此，想要消费者关注我们的公众号，首先要先抛出一些"诱饵"，最常见的"诱饵"就是小礼品。很多实体店为了增加公众号的粉丝数，会选择在大型的商场，或是人流密集的地方进行地推活动，只要用户扫码关注，即可得到一个小礼品。至于礼品是什么，就需要经营者根据自己的目标顾客进行选择了。例如：培训机构通常会选择孩子们喜欢的小玩意作为礼品，美容美发机构会选择一些女士喜欢的小饰品作为礼品。同时，还可以在本地的QQ群、微信群，或者是论坛上发表一些公众号的内容，但前提是所发的文章内容一定是高质量的原创文章，这样才能吸引他人的关注。

解决第二个难题，就要从公众号的内容着手了。如果消费者关注了公众号的内容，发现里面并没有什么有趣的内容，或者是干脆没有内容，这样势必无法吸引消费者继续关注下去，要么公众号沉底，要么被消费者取消关注。

那么消费者都喜欢看一些什么内容呢？

在微信上转载量超高的公众号文章，往往不是动人的故事，就是有趣的段子。它们都是以犀利有趣的语言，成功地吸引了一大批粉丝的追随。哪怕是打广告的软文，他们也能将故事讲得精彩动听，往往消费者读到最后，才恍然大悟原来是篇广告软文。但因为在这个过程中收获了快乐或是感动，消费者也乐得看这样的广告内容。除此之外，还可以用漫画和表情包等生动的形式吸引消费者关注，如包漫画、和邪社等，内容直观，且轻松有趣。

除了这些静态的文字画面，还可以是动态的视频，向消费者展示出一个场景，将产品使用的场景以视频或是动态图的方式展示在消费者面前，这样会使产品更加真实，有说服力。至于内容的推送时间，在凌晨时分，是全天曝光量最低的时候，上午曝光量最高点在早晨8点钟，这个时间大多人们已经起床，或是在吃早点，或是在上班的路上。之后曝光量最高点在中午12点，这个时间大多在吃午饭，很多人习惯边等餐边看手机，或是边吃饭边看手机。晚上十点，是一天当中曝光量的最高点，这个时候人们往往已经准备睡觉了，睡觉前都会有看手机的习惯，所以很多公众号，都是在这个时间段进行内容推送。

个人账户是个宝，千万别丢掉

对于一些个体小店来说，要运营起一个微信公众号，可不是一件简单的事情，因为这不但要求经营者具备一定的文学基础，能够写出优美的文章，还要求经营者能够跟上时代的发展，善于利用社会热点来博取消费者的眼球。再加上排版、插图等一系列工作，需要花费经营者大量的时间和精力，除非经营者本身擅长于此，否则还需要聘请专门的人才来完成这项工作。

这时，我们可以退而求其次，选择一个更简单的方式，那就是经营者的私人微信号。就像现在很多微商，他们没有注册微店，也没有运营专门的公众号，而是将自己的微信朋友全充分地利用了起来，每天定时定点，在朋友圈发送一些关于产品的信息。除了朋友圈以外，还可以建立一个微信圈，将自己的目标客户群囊入其中，每天在群里发一些产品信息，或是积极地参与到群聊当中，增加与顾客之间的黏合度。

当经营者决定利用自己的微信号作为营销利器后，首先就需要扩充通讯录上的人数，所使用的方式与推广微信公众号的方式差不多，既可以通过微信扫码送小礼物的方式获取，也可以通过当地的微信群、论坛等地方获取。

接着就是如何打理自己的微信号，既要在消费者前建立起专业的形象，将产品信息一点一滴地渗透到消费者的头脑中，又不能频繁地发广告，引起消费者的反感。

总的来说，运营个人微信号靠的是"攒人品"，谁先取得了消费者的信任，谁就占据了消费者的心。

2. 还没玩转自媒体，你就OUT了

　　自媒体，指的是私人化、平民化、普泛化、自主化的传播者，以借助现代化、电子化的手段，向不特定的大多数或者特定的个人传递规范性及非规范性信息的新媒体总称。常见的自媒体平台，除了我们上文提到过的微信，还有微博、百度贴吧、天涯论坛、今日头条、抖音、快手等。

　　自媒体营销的具体实施方式，就是先经营企业的自媒体，吸引并积累粉丝数量，尤其是对那些活跃度高、具备一定购买能力、可能会产生消费需求的粉丝进行重点维护，当粉丝积累到一定程度后，就可以向线下店铺引流，也可以嫁接电商，如微店、淘宝等。

　　运用自媒体进行营销，就好比挖了一个大鱼塘，然后蓄好水，放好饵料，将其他地方的鱼儿吸引过来，然后将鱼儿养肥，最后撒网捕鱼。这样的战术，过程比较曲折，也比较漫长，但是一旦粉丝积累了一定的数量，就会形成比较客观的营销效果。此举的成败在于，经营者能否将

自身的媒体打造成功，是否能够吸引源源不断的粉丝加入进来，所吸引的粉丝是否具有价值。

北京曾经有家店铺名为"黄太吉"，虽然现在已经如巨星般陨落，但它曾经缔造出的"神话"却依旧有值得经营者们借鉴的地方，尤其是其在经营过程中所运用的"互联网思维"。

"黄太吉"是一家专门经营煎饼果子、油条、豆腐脑等中国传统特色美食的店铺，其创始人叫赫畅，曾经任职百度、谷歌等知名的互联网企业。在人们的固有思维里，贩卖这些产品的都是一些路边摊，但是"黄太吉"却将这些路边摊美食，做出了国际范儿。在运营的第一年里，就硬生生地做出了700万元的营收。

这主要得益于赫畅在互联网企业工作期间练就出的互联网思维。在"黄太吉"开业之初，就在新浪网开通了微博，将宣传渠道都集中在了微博上。与单纯的通过微博做广告不同，赫畅更侧重于分享店铺的日常，以及自身的一些感悟。当其他企业只在微博上宣传新品，发一些公关文案写好的广告词时，赫畅发的是自己开着奔驰送煎饼，还有自己的妻子给顾客送餐的内容，有时候还会发表一些有趣的兼并相对论，因此短短时间内，就吸引了大批的粉丝围观。

对于粉丝的留言，赫畅从不吝惜回复，几乎做到了留言必复，这成了赫畅微博的一大亮点。如果遇到有粉丝对自己产品的评价，赫畅还会转发在自己的微博上，再引发新一轮的讨论。有趣的内容，再加上与粉丝之间频繁的互动，让赫畅的微博在短时间内，就积累了近十万的粉丝量，很多消费者都是通过微博分享慕名来到黄太吉消费的。

除了微博之外，"黄太吉"还开通微信公众号、大众点评等社会化自媒体平台，用来推广营销。

虽然现在的"黄太吉"已经不复当年的盛况，但是不可否认的是，站在营销的角度而言，"黄太吉"确实给后来者带来了更多的思路。

不管是畅销世界的大品牌，还是初出茅庐的小品牌，不管是线上商城，还是线下实体店，在自媒体营销占据了半壁江山，对每个产业都有着巨大冲击的现在，还没有利用起自媒体进行营销的话，那就要被时代淘汰了。

经营者可以运用的自媒体营销方式有很多种，除了上文详细介绍的微信以外，还有微博、抖音、知乎等各大社交网络平台，都是经营者可以进行自媒体营销的常用平台。这些平台可以单独只用某一种，但综合起来使用，效果会更好。下面我们列举几种当下比较受商家欢迎的自媒体营销平台。

利用微博进行营销

微博营销是利用微博平台进行营销的方式，这种方式注重价值的传递、内容的互动、系统的布局以及准确的定位。利用微博营销，首先需要进行认证，然后吸引有效粉丝，进而创造话题。微博是一个开放性的平台，要求经营者要有整体运营能力。微博营销比较容易操作，并且成本低，宣传面积也较广。但对于只有实体店，没有线上店铺的商家而言，微博在针对目标客户群进行宣传这一点上，处于弱势。因此，利用微博进行营销，适用于那些既有线下店铺，也有线上店铺的商家。

例如：连锁蛋糕品牌"21cake"，在线上线下均有店铺。曾经有顾客在微博上抱怨自己订的蛋糕上要求写"寿"字，结果拿到的蛋糕上面写的却是"受"字，这名顾客的抱怨引起了不小的关注，仅仅一个小时，就被转发了上千次。面对顾客的抱怨，"21cake"第一时间联络了顾客，进行了赔偿，并且立即在微博上进行了公开致歉，诚恳的态度和合适的措辞，使得致歉的微博得到网友广泛的认可和关注，转发量高达2亿次。

一次负面新闻，经过积极的运作，却成了商家宣传自身形象的良机。"21cake"的危机公关做得好，微博营销也玩得溜，如果仅有公关，没有营销，那就无法引起大范围的关注，同样也起不到宣传的效果了。

利用短视频进行营销

近几年，短视频十分受网友们的欢迎，早期有秒拍、美拍等，现在有抖音、火山小视频等，只要是有趣的短视频内容，就可以引起广泛的关注。一些大品牌，第一时间便从中找到了自己可以利用的宣传点。

海底捞就是其中之一。我们先来看看海底捞在抖音上很火的一个小视频，消费者点了一份鸡蛋虾滑面筋，服务员在上餐之后，就进行了这样一系列的操作：先是将生鸡蛋打撒，然后将生鸡蛋倒入面筋中，接着放入虾滑，再一起放进火锅中煮熟。并将此吃法命名为：海底捞的神秘吃法。

看过这个短视频的网友们，无不对着手机屏幕流口水，于是便有很多人慕名到海底捞尝一尝这种神秘的吃法。而类似于这样的短视频，还有很多，例如：豆泡加鸡蛋、番茄牛肉饭等。目前为止，海底捞在抖音上爆红的套餐就有3种，分别是DIY网红油面筋系列、DIY锅底加调料系列，还有DIY网红主食加小菜系列。

后来又衍生出答对题才免费提供生鸡蛋的视频，视频中，海底捞的服务员会就地取材，用牙签、糖果之类的东西出一道题，如果顾客做对了，才能够拿到鸡蛋，做不对或是答不出，都得不到鸡蛋。往往顾客就算没有做出来，也不会生气，反而会将自己做题的视频录下来，再次发到抖音上，引发又一轮的讨论。

海底捞之所以能够在抖音上混得风生水起，一来是海底捞早就通过服务的良好口碑深入了人心；二来就是海底捞能够将服务、产品结合线下场景，让用户参与其中，通过用户自传播吸引更多用户进店消费。

COCO奶茶也紧随其后，立刻推出了"抖音款奶茶"，让原本已经是做好配方的奶茶，变成了"自选奶茶"。消费者可以根据自己的喜好，选择加些什么配料进自己的奶茶里，居然也搭配出了不少新意，然后再将"秘密配方"在抖音上发布，以此来吸引更多的消费者前来品尝。

对于一些小品牌、小店铺而言，可能玩不出海底捞和COCO这样大品牌的花样，但是只要有创意，就不愁得不到关注量。比如一家卖水果茶的店，"发明"了一款"会生气的水果茶"，当顾客拿在手里时，水果茶会冒出团团"仙气"。此视频发在抖音上后，立刻得到了三十多万的点赞量。而实际上，店主只是在水果茶中加入了会"冒烟"的干冰而已。

纵观这些在抖音上拍短视频进行营销并且成功的案例，要么是有趣，要么就是有用，总之需要创意，才能够产生吸引力。

利用直播进行营销

过去说起"直播",人们首先会联想到"网红",而近两年,一说起"直播",大家想到的更多是"带货"。以前很多人习惯于从淘宝或是京东买东西,现在很多人习惯看快手等直播软件进行购物。

那么与其他自媒体营销方式相比,直播具有怎样的优势呢?

首先,与其他自媒体平台占用用户的碎片时间不同,直播具有时效性,所以进入直播间的用户,往往都带着明确的购买目的。就好像许多游戏玩家,会守在特定的时间里,进入某个游戏主播的直播间一样,吸引的都是较为精准的目标客户。

其次,直播与顾客间的互动性较强,可以随时随地回答顾客的问题,响应顾客的需求。例如:在某个售卖服装的直播间中,主播会根据顾客的要求,当场试穿某件衣服,并且进行360°的展示。这比起已经写好的文案和拍好的图片,就更加具有真实感了。

对于小本经营的实体店而言,直播既可以起到宣传的作用,也可以起到卖货的作用。那么具体要怎么操作呢?经营者可以根据自己的需求进行选择,如果经营者的目的在于宣传,那么可以请一下本地的网红,进行直播。比如某家具城在开业的当天,就请来了当地的网红,在快手上进行直播,现场就布置在家居城门外,从镜头中正好能看到家具城的名称,然后主播对着手机一边与自己的粉丝互动,一边唱歌跳舞,当有粉丝问到关于产品的问题时,就会进行一波广告宣传。基于本地网红的粉丝量,家具城很快就被当地的消费者所熟知了。

3. 搭建数据平台，新老顾客一把抓

台湾的经营之神王永庆先生，在最初开米店的时候，把到店买米的顾客的家庭人口，消费数量记录在档案上，时间一到，不等顾客上门，他就亲自把米送到顾客家里，赢得大家的一致好评。王永庆先生在互联网时代还没有来临的时候，就已经拥有了数据思维。现在进入了信息时代，数据在经营中的地位就更加重要了。

众所周知，现在世界上最大的资源是石油，甚至有人说，谁掌控了了石油，谁就掌控了世界。而阿里巴巴的创始人马云则认为，10年以后，石油的霸主地位将被数据取代，这个世界上最大资源不再是石油，而是数据。谁拥有更多的数据，谁的数据处理速度更快，能够让数据产生价值，谁就能立于不败之地。

在大众的认知里，阿里巴巴是一家做线上零售的公司，而事实上，阿里巴巴是一家数据公司，做电商是为了收集用户数据，而不是为了做买卖。有了用户数据，阿里巴巴就能够知道用户关注的是什么，用户的

喜好是什么。有了这些数据做基础，阿里巴巴就能够分析出哪些行业有利润可图，所以人们能够看到现在的阿里巴巴不光做电商，还会投资电影和足球等。

数据能够解决的问题，绝非只停留在用户身上。与阿里巴巴有着同样地位的电商京东，其创始人刘强东在一次发言中表示，大数据在电商领域可以有效解决库存问题。京东上某个手机品牌首发是很好的例子，很多消费者在13分钟内就收到了新手机，每部手机平均不超过2个小时，就送到了用户手中。能够拥有这样的速度，最大的"功臣"就是数据。京东利用大数据分析改变了过去送到库房、被动接受订单、有了订单再生产、最后再配送到消费者手中的模式。根据过往的数据分析，物流实际上已经把货送到了小区旁边，只要小区内有人下订单，就可以在十几分钟内送到消费者家中。

现在几乎所有的企业，都在努力通过建立线上线下相结合的全渠道无缝零售模式，为消费者提供极致的购买体验。然而，想要更懂消费者，为消费者提供更精准的个性化服务，提升消费者体验，必须利用大数据。因此，无论是大企业还是小店铺，都要通过数据来驱动业务。

对于获取数据这方面，电商可谓是拥有着先天的优势，消费者购物的所有行为（包括浏览、搜索、购买、评价等）都会在网上留下痕迹，一旦这些数据具有了一定的规模，就能够通过这些数据大致分析和判断出消费者的购物偏好和消费习惯，甚至能够做到比消费者自己还了解消费者。而消费者在网络上的注册信息，如年龄、性别、籍贯等个人信息，则有利于商家分析出消费者的行为特征，管理消费者关系，改善消费者体验。

早在1974年，沃尔玛公司就开始在其分销中心和各家商店运用计算机进行库存控制。1983年，沃尔玛的整个连锁商店系统都用上了条形码扫描技术。20世纪90年代，沃尔玛开始利用先进的卫星通信网络、高效的配送中心和快捷的运输系统，向各商店提供货源。沃尔玛之所以能够以最低的成本，提供最优质的服务，以及拥有最快速的管理反应，都要归功于数据。

数据如此之重要，实体店经营者要怎么利用数据呢？

利用数据，摸清顾客喜好

只要留心，那些公开的数据调查内容，都可以成为经营者运营店铺的依据。除此之外，还有很多方式，也可以供我们搜集到有关于顾客的数据。

著名培训专家余世维曾讲过这样一个案例：

一位姓于的先生，在一次出差时入住了当地的东方酒店。当他第二次入住时，发现了很多让他动容的地方。

早晨于先生出门时，服务人员会恭敬地问他："于先生，您是要去吃早餐吗？"于先生不禁感到诧异，因为他从未向服务人员透露过自己的姓氏。服务人员看出他的诧异后，微笑着解释说："我们会在每位顾客入住后，记住他们的姓名。"

于先生的内心在感到惊讶的同时，也感到十分舒畅。到了餐厅后，餐厅的服务员立刻迎了上来，并向于先生问候道："于先生，早上好。"原来，在于先生下楼之后，客房服务人员就打电话通知了餐厅服务人员，于先生要到餐厅用早餐。

接着，服务人员将于先生领到了靠近第二个窗户的座位，并对他说："您喜欢靠窗的位置，这个位置特地为您留下了。"说完，又对于先生说："今天有您喜欢吃的三明治，以及刚刚煮好的咖啡，请问您今天还想点这些吗？"

这一次，服务人员的话不仅仅是让于先生感到诧异，而是震惊了。上一次自己入住这个酒店，还是一年前，而酒店每天接待这么多的顾客，怎么还能够如此清晰地记着他的消费喜好呢？

见到于先生疑惑的样子，服务人员主动说道："我们的电脑上记录了每一位顾客在餐厅点过的食物，以方便下一次为顾客提供更加贴心的服务。"

听完服务人员的话，于先生在心里不禁为这家酒店的服务竖起了大拇指。后来于先生有很长一段时间没有再出差，也没有再次入住东方酒店，但是他每年的生日，都会收到来自东方酒店的祝福短信，每一年的短信内容都会有所不同，除了会表达对于先生的生日祝福，还会表达对于先生的思念之情。后来只要是有亲戚或是朋友到此地，于先生都会将东方酒店推荐给他们。

多渠道采集数据

现在很多实体店铺都会动员消费者办理会员卡，用来积分或是促销打折，但事实上会员卡最重大的职责是收集用户的信息。通常消费者在办理会员卡的时候，都会填写个人的基本信息，包括姓名、性别、出生年月日，以及家庭住址等，这些基本信息的采集，有助于经营者区分出哪些用户是活跃用户，哪些用户是沉默用户，哪些用户是新增用户等。

基础信息的数据积累，还能够为后续的数据采集工作做基础铺垫。

另外，消费者多久进店一次？进店的时间段？在店内逗留的时间是多久？……根据这些数据，可以有效分析出每位顾客的到店频率并根据规律定时投放促销信息，以此来提升消费者的消费体验。

还有消费者的购买行为，也是采集数据的主要渠道。消费者在店铺内都买了什么商品？购买商品的偏好是什么？对于这些数据的分析，经营者就通过精准的促销吸引消费者进店消费了。

通常，经营者掌握的关于消费者的数据越丰富，就越有利于消费者全面立体地了解消费者，从而为消费者提供更加个性化的服务。

4. 在互联网时代，得粉丝者得天下

现在许多企业品牌都建立了粉丝团。从以微博为代表的社交媒体崛起后，粉丝经济就从虚拟走向了现实，若一个品牌拥有庞大粉丝群体，那扩大销售，提升品牌黏度，产品创新等方面，都可以用轻而易举来形容。这其中最典型的代表当属苹果和小米。

乔布斯所创建的苹果公司，其产品在全世界都拥有众多的粉丝，每一次新品发布会召开，都能引起全球粉丝的关注，场面堪比一场全球科技盛会。每当新品上架，粉丝们为了买到最新款的手机，甚至彻夜排队等候。

作为乔布斯的粉丝，小米公司的创始人雷军也深谙粉丝营销之道，所以十分重视粉丝的力量，这一点从小米的品牌诉求——"为发烧而生"，就能够看出来。

在小米公司创业初期，别说一万个粉丝，就连一千个粉丝都没有，很多网友听到"小米"这个词，都以为是谷物类。为此，员工们每天都要在网上找粉丝，功夫不负有心人，在极其艰难的情况下，小米积累了一千多名粉丝。正是这一千多名粉丝给小米带来了极大的能量，很快就发展到了十几万粉丝。

从最初的十几万，到现在的上百万，"米粉"为小米公司的崛起贡献了不可忽视的力量。小米公司从丝毫没有名气，到成为一家百亿美元估值的公司，只用了3年的时间，要知道比尔·盖茨用了12年，才获得他人生的第一笔十亿美元。这就是粉丝的力量。

由此可见，"粉丝"真是个好东西。既声势浩大整齐划一，又获取廉价不求回报。但利用"粉丝"进行营销，可是一门大学问，"水能载舟亦能覆舟"，粉丝的存在虽然可以增强消费者对产品的信任和购买欲望，有增加知名度等好处，但凡事皆有两面性，一旦出现了负面的新闻，粉丝也会令其传播速度加快。

粉丝的力量对于品牌而言如此强大，同样，对于实体店也是如此，实体店培养粉丝的媒介，通常都是微博、微信或是论坛等自媒体。首先，店铺要拥有自己的微信号或是微博账号等，然后利用这些自媒体去吸引网友的关注，然后将普通的网友转化为自己的粉丝，再将粉丝变现，促成其消费，成为自己的顾客。

以一顶百的种子用户

所谓的种子用户，顾名思义，就是像种子一样，播种在土地中，就能够生长，并且开花结果。但是粉丝那么多，如何去区分谁才是种子用户呢？通常，种子用户都是那些有重要意见的领袖用户，这一部分用户影响力高，活跃度高，他们不仅会经常使用光顾店铺，还会经常发表言论，带动其他用户对店铺的产品或是服务进行讨论和互动。最重要的是，能够为店铺经营者提供中肯的意见和建议，帮助店铺经营者不断精进产品或是服务。

例如：一个叫"秀美甲"的App，这个App上过很多次苹果TOP10榜单，下载量有几十万。这个App寻找种子用户的方式，就是通过微博搜索"美甲"的用户，精准地找到了自己的种子用户，然后再对其进行主动关怀，将其转化为粉丝。还有一个酸辣粉的创业者，他在寻找自己的种子用户时，针对的是喜欢吃辣的人群，如：湖南人、四川人。

因为对产品的热爱，让他们对产品有着更深层次的理解，所以他们能够提出更加中肯的意见和建议，并且产生足够的影响力。

找到种子用户后，首先要为其提供超出预期的服务和体验，因为只有这样，他才会愿意将自己的体验转化为口碑，并向身边的朋友去推荐。其次，经营者要建立起与种子用户之间的信任关系，这需要经营者极度重视种子用户所提出的各种意见与需求，并且时常与之进行互动，时不时制造一些惊喜，送个小礼品等，总之要让种子用户感觉到自己十分受重视。

早期的小米论坛上，有一个专门让用户用来反馈使用感受的板块，在这个板块中，用户可以将使用小米手机过程中所遇到的问题，或是出现的bug提出来，在问题提出的24小时之内，小米团队一定会给予回应，并且还会在接下来的时间里，向用户汇报这个问题解决的进度和状态。如果解决了，也会第一时间告知用户。并且，论坛上的所有人都会看到这些反馈。

小米就是给用户这种被重视的感觉，才让用户有了自己就是产品主人的心理，与此同时也成为小米产品的忠实粉丝。

用会员制发展粉丝

全球零售业第一巨头是美国的沃尔玛，而沃尔玛最强劲的对手是全球第二大零售商好市多。成立于1976年的好市多，从2015年开始就牢牢占据了全球零售商排行榜的亚军位置。小米公司的创始人雷军，在逛过一次好市多后，就对好市多赞不绝口。那么这家比沃尔玛小了20多岁的零售企业，有什么过人之处呢？

答案就是会员制。

进入好市多购物，必须拥有会员卡，好市多的会员分为非执行会员和执行会员两大类型，这二者的区别在于执行会员每年可以享受当年2%的销售金额返现和其他一些优惠。非执行会员的年费为55美元，执行会员的年费为110美元，会员的续费率高达91%。是什么吸引会员无限度续费呢？那就是低价。

在普通超市需要花1000元人民币购买的物品，在好市多只需要花费100元左右。沃尔玛的毛利润是22%~23%，而好市多的毛利润在10%左右，就是说好市多商品销售带来的利润，只够维持日常的运营成本。如此实惠，消费者怎能不趋之若鹜呢？更何况好市多还会为会员们挑选最好的商品，提供最优质的服务，消费者想不成为好市多的粉丝都不行。2014年好市多的销售利润为10亿美元，而会员年费收入则高达24亿美元。

对于普通的实体店而言，想要让消费者一进店就办理会员卡，显然是不现实的想法。如今发展会员的途径大致有两种，一种是找到有消费需求的人群，将其发展为会员，同时寻找刺激其消费的方法；另一种是在已消费的顾客中，寻找愿意反复消费的人，用会员消费可享受相关的优惠来吸引消费者办理会员。

无论是用哪种方式发展会员，最终的目的都是吸引消费者进行二次消费。这就需要经营者不断地制造惊喜，以此来吸引会员，同时还要从情感上给予会员关心和关怀，让消费者感受到商家对他们的重视。当消费者以会员的身份来到店铺后，经营者要提供更加优化的服务体验，并给予消费者实实在在的会员优惠。只有这样，才能够达到通过会员制培养粉丝的目的。

5. 实体也要开网店，线上线下两手抓

当生活物资缺少时，人们通常会选择以下途径进行购买，一是到离家较近的便利店购买，二是到距离家中较远的大型超市购买，三是通过网络购买。但是这三种途径都存在自身的不足之处，便利店虽然离家较近，但是商品种类、数量和商品的更新上都存在短板；大型超市虽然货品种类齐全，但是去一次往往都会大包小包买不少，不方便携带，因此在便利性上存在短板；而网上购物虽然兼具了货品齐全和便利性两个优势，但是因为无法见到具体的实物，所以很容易产生质量问题。

那么，有没有一种方式能够达到"鱼和熊掌都可兼得"呢？那就是"线上+线下"的模式。

曾经，线上和线下分属于两个阵营，相互之间只有竞争，没有合作。甚至很多实体店都在抵制电商，认为是电商的出现，导致了实体店陷入经营困境，抢走了自己的客户。实体店经营者有这样的想法也很好理解，毕竟市场这块蛋糕的数量有限，电商占有的份额越大，实体店占

有的份额就越小。

而在当下的新零售思维中，出现了"无界思维"的概念，即线上线下相结合，不再分食有限的市场蛋糕，而是合力将其做大。简单来说，就是线下的实体店也做线上的网店，而线上的网店，也在线下开实体店。

王立峰在北京市某社区经营着一家便利店，他的店铺主要根据附近居民的需要，售卖一些食品、佐料和生活用品。

有一次，一个老顾客进来买了一些蔬菜和调料后离开了，可是没过20分钟就又回来了，原来这位老顾客只记得买吃食，却忘了买卫生纸，于是只好再出来一趟。听着顾客不停埋怨自己记性差，王立峰忍不住对顾客说："您加我个微信吧，以后有什么需要，或是忘记买什么了，您跟我说一声，我让店里的小郑给您送去。"说完，王立峰指了指正在店里理货的员工。

老顾客听了这个建议很是高兴，立刻就掏出了手机加上了微信。有时候是为了方便，直接在微信下单，然后王立峰给装配好，顾客下班后直接拿上就回家。有的时候，是出门不方便，让王立峰给送一趟。

后来，王立峰发现时不时就有人加他好友，目的就是从微信上买东西，再让他送过去。后来顾客积累得越来越多，甚至附近小区的居民都有。为了便于管理，王立峰索性开了一家微店，然后将所有的产品都拍照上传到微店上，再有顾客需要购买，直接到微店中下单就可以。

就这样，王立峰的顾客群，渐渐扩展到周边的其他社区里。为此，他又雇了一名员工，专门从事微店的配送工作。

王立峰老板的事例告诉实体店经营者，实体和网店并不是死对头一样的存在，而是可以通过相互依存，互相辅助的形式，去实现实体店的逆袭之路。

首先，实体店开通线上销售，可以打破空间的限制。因为在理论上，经营者只需要拥有网络和终端，用户就能够进行购物。再加上推广得道，那么很快就会有顾客找上门来。

其次，实体店开通线上销售，可以延长营业时间。一般实体店很难做到24小时营业，若是要实现24小时营业，那就要增加员工成本。但是线上店铺可以完美地解决这一问题，线上店铺的营业时间完全不受线下店铺的营业时间限制，不需要有人站柜台看门。只要顾客打开网店的界面，就可以自行选购，然后再由经营者找时间送过去就可以。通常没有紧急需求的顾客，不会要求当时买当时就送。很多时候，顾客都是边看电视或是边工作，就顺手在网上把东西买了，而这些东西往往也不是当下就要使用的东西，所以如果是半夜下单，经营者在第二天早晨送到也是可以的。

第三，线上的店铺不存在店铺面积的制约。很多实体店苦于店铺面积不够，所以陈列的商品数量和种类都比较有限，而线上店铺则不存在这一短板，只要做好分类便于顾客选购，那么经营者可以在自己的能力范围之内，尽可能多地去完善商品的种类和数量。

第四，线上的店铺还可以提高顾客购买的效率。因为网络开放性的特点所致，消费者可以很快地从界面中找到自己想要的商品，而在实体店内，往往会因为产品陈列的方式不同，以及理货员的理货习惯，导致顾客寻找困难，有时候还需要求助售货员。另外，在人多的时候，实体店往往还需要排队结账，而网店则免去了这一麻烦。

所以，线上线下相结合的方式，对实体店发展而言，是百利而无一害的，既刻意完善实体店的形象，还可以提升客流量，可谓一举多得。下面，就来说一说，实体店开通线上销售时需要了解和学习的地方。

实体可以开通的线上销售类型

由于实体店的规模不同，因此在开通线上销售的方式也会有所不同，一般线上的销售平台有这样几种类型：

官方商城

现在的门户网站不仅仅只有宣传的作用，更是拓展销售的平台。但是开通官方商城，需要有强大的技术支持，更关键的是企业和品牌也需要具备一定的权威性。例如：格力电器。格力电器在各个城市都开有实体店，在互联网平台上也有自己的官方商城。在官方商城上消费者不但可以预览格力的新款产品，还可以根据自己所在的区域进行选购。

除了格力外，惠普、海尔、联想等，都有属于自己的官方商城。但这种官方商城的线上销售方式，只适合一些大中型企业。

移动终端销售平台

移动终端销售平台可以分为两种，一种是开发APP，一种是直接将实体店的商品搬到微信上进行销售。开发APP的成本比较高，但是可以准确地抓住目标客户群，毕竟没有人会去下载无关紧要的APP。天津某社区的肖虎开了一家便利店，他让自己做程序员的朋友给设计了一款APP，在这款APP上能够显示肖虎便利店中的所有商品，附近的居民来购物时，只要扫描二维码就可以下载APP，然后坐在家中就可以下单购买商品。当有顾客下单时，肖虎就会让店内专门负责配送的员工送货上门。

在微信上进行销售，就简单得多，既可以通过朋友圈发布商品信息，还可以通过微店或是微信商城作为销售平台。比如：一家羊汤店，其顾客就可以通过微信公众号进行点餐、选择就餐方式等。

利用第三方平台

对于大部分中小实体店而言，利用第三方平台进行线上销售是最简单易行的方式。这种第三方平台有天猫商城、京东商城、苏宁易购等，它们都具备完善的模式和庞大流量，可以帮助中小型实体店快速搭建起网络销售线。

居居家是一家专门销售居家用品的中型超市，在受到电商的冲击后，经营者并没有将电商视为自己的敌人，而是视作可以搭乘的"顺风车"，顺势在淘宝上开启了网店，所有商品线上线下同时销售，后来淘宝店铺的经营效果不错，经营者又在京东开设了店铺。现在无论是淘宝还是京东，抑或线下商城，都经营得不错。

取网店之长，补实体之短

虽然都是销售产品或是服务，但实体和网店之间在经营上还是有所区别的。所以实体店还需要向"前辈"电商取取经。

首先，实体店要向电商学习一下定价和交易方式。电商有着其独特的商业模式，较为关键的就是定价交易方式。与实体店相比，网店内同类商品的价格往往要低一些，而实体店则是"高定价高折扣"的经营模式。所以到实体店购物，如果没有砍价，顾客就会觉得自己吃亏了。而网店呢，明码标价，拒绝议价，这让不擅长议价或是不喜欢讨价还价的顾客感到舒心，同时也让消费者更加确信商家不存在欺瞒的行为，对商家更加信任。

所以，这是实体店需要取经的地方，那就是建立公开透明的定价和交易方式，合理定价，打造透明的消费体验。

其次，实体店要向电商学习重视客户评价。经常进行网购的消费者都知道，在网络上购物时，首先会看一看店铺的评价，评价若高，就会放心进行购买，若是评价过低，那么即便价格便宜，消费者也会放弃购买。网店的评价来自网友的评论，评论里好评居多，网店的评价就高，相反，若是差评多，那网店的评价就会变低。因此，网店经营者都十分在意顾客的评价，一旦出现差评，就会及时沟通，争取取得顾客的原谅，撤销差评。

在心理学上，有个"马太效应"，反应在商界中就是"强者愈强，弱者越弱"，这一点也是实体店要取经的地方。现在是信息时代，来自顾客的任何评价都会在网络上迅速传播开来，并在局部产生影响。所以面对顾客的抱怨与不满时，经营者要及时化解。

互联网时代，学习点危机公关

随着网络的普及，普通消费者的监督力量变得空前强大，移动互联网和智能手机的出现，唤醒和强化了消费者的表达意识。所以当他们对商品或是服务产生不满时，就会在网络上自由地表达情绪，如果这些抱怨没有得到及时解决，那么就会对店铺或是企业的口碑造成不可挽回的损失。

若是经营者在遇到危机时，没能立即启动应急措施，那么就会给消费者一种默许攻击的假象，使原本不大的问题发酵到难以控制的地步。这就是犯罪学中一个著名的理论——"破窗理论"，大意是说，若是一栋建筑中的某扇窗户的玻璃被打碎了，但是却没有及时修补，那么有的人就会认为这是暗示性的纵容，从而引发更多窗户的玻璃被打烂。最后，在这种具有强烈暗示性的氛围中，攻击性的行为就会演变成为一种炫耀性的行为。

所以，为了不使自己成为众矢之的，实体经营者在开通网络店铺的同时，也要学习一些互联网的危机公关，这样在危机到来之际，才能够正确应对。

第八章

重塑管理思维，是实体店不断优化的保障

1. 经营不好，要从自身找原因

2. 亲自培养出得力的员工

3. 搭建以运营为主的管理体系

4. 一切用制度说话，店铺才能高效运行

5. 企业文化，是店铺管理的灵魂

1. 经营不好，要从自身找原因

　　随着人们生活水平的提高，近两年来，社会消费品零售总额持续增长，2016年更是突破了33万亿元。但实体店似乎陷入了一种怪圈当中，每年倒闭的店铺与新开的店铺数量几乎持平，许多店铺度日如年，而比这更严峻的，是众多实体店铺在看似一片大好的消费环境中，只能追求薄利，勉强求生。有人将这一切归咎于互联网，可真的是互联网之过吗？

　　马克思曾经说过，事情的发展，外因是条件，内因是决定性因素。对于一家实体店而言，如果出现了问题，那首先要从自身管理和经营中的问题出发，用内向思维去解决问题。这就要求经营者在遇到经营困难时，将关注力放在自己身上，不掩饰问题，不抱怨，也不推卸责任，不为自己找借口，一心寻求解决问题的办法。

借口是推卸责任

用"内向思维"解决问题的最大敌人，就是找借口，借口有着很强的指向性和压迫性。在实体店铺中，每个人都有自己的责任，责任的履行关乎工作的质量，但负责任的同时，就意味着要承担压力，压力之下，就容易产生借口。

因此，在实际经营中，许多经营者或管理者在遇到问题时，就会给自己找这样或那样的借口。比如：当店铺营业额连续下降，就会借口说是同行业的竞争过于激烈；当顾客反映产品不好时，就会借口说是因为采购没有用心；当服务人员遭到投诉时，就会借口说是服务人员个人的问题……

如果经营者或是管理者带头找借口，那么下面的员工也会习惯性地为自己的工作失误找借口。如果经营者发现员工屡屡推卸责任时，那么就要及时反省，因为这正是店铺众多问题得不到解决的根本原因。因为遇到问题时，承认问题才是解决问题的第一步，越是躲着问题，问题就越是揪着你不放。

相信很多人都深有体会，当自己犯错后，头脑中就会出现想要隐瞒自己错误的想法，而这样做只会让事情越演越烈，向着糟糕的方向发展。所以，只有承认当下的处境，直面自己的错误，才是解决问题的首要途径。

正视问题，解决问题

上帝对待每一个人都是公平公正的，也就是说，外部环境对大家一视同仁，只有率先改变自己，才能摆脱困难的桎梏。

厨师出身的牛立斌从五星级酒店辞职以后，就自己经营了一家名为"虾吃虾涮"的火锅店，由于味道不错，并且善于经营，短短几年的时间，"虾吃虾涮"就在当地开了三家分店。虽然发展势头强劲，但在发展中出现的问题依旧不少，最严重的就是在每年三四月份，店铺的营业额都会出现大幅度缩水，但店铺的人力、物力成本在这期间并不会降低，因此，对于牛立斌而言，如何解决淡季客流量的问题，就成了重中之重。

但是对于餐饮业而言，经营存在淡季和旺季是十分普遍的问题，针对这一现象，很多餐厅都选择打折、推出新品、做活动等多种方式进行营销，但是效果却都不太理想，因此，淡季"节流"成了很多餐厅的首要目标。

按理说，有了许多的"前车之鉴"，牛立斌也应该是认清"现实"，不再做无谓的挣扎了。但是牛立斌偏偏没有被客观因素打倒，他认为一味地逃避无法让这个问题消失，只有不断改变自我，才能真正地解决问题。于是，牛立斌根据自身的特色，制定出了一套清晰的淡季营销体系，"半价接力"是这套体系的核心概念。

具体实施的过程是，从3月中旬开始，3家分店实行菜品轮流半价促销，每家持续时间为一周，在活动期间，店铺内部分特价菜和酒水也参与其中。由于3家分店每家的特色菜都不同，再加上"虾吃虾刷"升级版的待客方式，此次活动效果显著，总客流量居然超过了平时。

在周围人都默认问题出自客观环境的情况下，依旧坚持从自身出发，正视问题，寻求解决问题的方法。

树立"一切问题在我"的意识

经营者，是一家实体店铺的领头羊，这意味着经营者的身上肩负着更多的责任，是一切问题的导向。因此经营者时刻思考的问题，就是"我该怎么解决"，积极面对更复杂的难题，不推卸责任，避免出现让员工心寒的逃避行为。

这不光是对经营者的要求，也是对整个店铺运营团队的要求。经营者除了要自身树立"一切问题在我"的意识，也要向员工灌输这种观念，让每个人都明白，遇到问题要从自身找原因，而不是抱怨环境，埋怨他人。

"一切问题在我"的教育核心在于三种行动+一种态度。其中三种行动在于用心、高效、坚守承诺。用心即用心对待自己的工作，用心对待每一位顾客；高效即高效解决工作中出现的一切问题；坚守承诺就是自己工作所作出的一切承诺，都要坚决执行。剩下的一种态度，就是绝不为自己找借口的态度，经营者及员工都应该明白，抱怨、找借口无益于任何问题的解决，只有心中装着问题，不为失败找借口，才是寻找解决问题的成功之道。

2. 亲自培养出得力的员工

如果要说实体店管理过程中，最艰难的环节在哪里，那这个答案一定是人。当实体店的经营发展到一定程度时，经营者势必会遇到招聘员工、管理员工这样的问题。但人与人之间的差别很大，有时候即便是同一个人，在不同时期或是不同团队，他们的表现也会有所差别。更何况，经营者往往面对的并不是一个员工，而是多个员工。而这些员工各不相同，每个人心中的愿景也不同，如何将这些能力不同，想法不同的人聚集在一起，发挥出最大的能量，是对经营者能力的考验。

进入胖东来的店铺中，很明显能够感觉到与其他地方不一样的，就是营业员，每一个营业员的脸上都挂着发自内心的笑容，那些笑容让顾客感觉很舒服，如沐春风一般。每当有营业员看到抱孩子的顾客，或是提着东西上下楼梯的顾客，都会立刻走上前去帮助。就连在超市内部做清洁的阿姨，对自己的工作，也是一丝不苟。当别家超市的清洁阿姨都是拿着大拖把拖地时，胖东来的清洁阿姨时常会跪在地上拿毛巾擦地，而且在这个过程当中，还有人在旁边拿着扇子扇，两个人边说边笑，高高兴兴就将活干完了。

并不是老板要求这样做的，而是阿姨觉得："这样擦得干净。"员工对待工作的态度，是自发主动，还是被迫驱动，带来的工作效果是不一样的，这直接关系到员工在面对顾客时的态度，以及顾客在购物过程中所产生的感受。员工对待顾客时，是虚情假意，还是真情实意，这之间隔着难以逾越的鸿沟。

胖东来的员工就属于后者。为什么胖东来的员工能够做到事事为店铺操心，因为店铺的经营与他们自身的利益息息相关。自己做得好，店铺的经济效益就有保障，自己就能从中得到实惠；自己做得不好，那么店铺的经济效益就得不到保障，自己的利益也会受损。

当然，胖东来的成功，不能完全归功于员工所带来的温情服务，但至少这是很大的决定性因素。同时，这也给其他实体经营者提供了思路，任何流程，任何制度，都需要人来执行，而人又有许多不确定性。因此，经营者若想要自己制定的制度能够很好地执行，那么就不可忽视对员工的管理。

培养优秀员工的三大准则

第一，管理员工要做到因人设事。将合适的人安排在合适的岗位上，才能将每个人的长处发挥得淋漓尽致。若是将不合适的人，放在不合适的位置上，员工则会缺少工作兴趣，没有兴趣就没有热情，没有热情就会消极怠工。

第二，用人要疑，疑人也要用。经营者所制定的各种制度，其目的在于用来规范员工的行为并防止员工出错，这一点很好地解释了用人要疑。那为什么疑人要用呢？原因就在于人不是机器，总是会有出错的时候，允许员工犯错，并给予员工改过的机会，扬其长避其短，即便有所怀疑，也可以放心大胆地用。

第三，考察员工，以德为先。在任何一个行业，都要将员工的德行作为考察的重中之重，而将能力放在其次。因为能力是可以随着一个人的学习成长而提升的，但是德行则是"江山易改本性难移"，一旦形成了，就很难再改变了。

以上三大准则只适用于普通员工的培养，对于管理层的员工，则有另一些准则。作为店铺的一把手，不但要对店铺的业务十分熟悉，还要拥有超出常人的风险精神，同时还要具备一定的领导天赋。

培养员工的协作能力，打造高效能团队

在员工管理中，出现团队协作能力差的情况有很多，比如：有的员工工作能力非常强，但是却不合群，经常与其他同事闹矛盾；还有的团队之间的成员相互推卸责任……团队缺少协作精神，就会严重损坏店铺的整体业绩。

2013年，永辉集团董事长在门店调研时，发现基层员工的收入低，工作积极性很差，之后董事长就在考虑，如何能够让基层员工的收入提高，并提升员工的工作积极性呢？深思熟虑之后，永辉超市推出了推广合伙人的制度，总部与经营单位一起制定一个业绩标准，若是实际营业额超过了设定的标准，那么增加的部分就按照比例在总部和合伙人之间进行分配。合伙人以门店为单位存在，门店拿到分红后，再根据各岗位

的贡献度进行第二次分红。这一制度不仅大大提升了员工的收入，还解决了很多其他问题，如：员工离职率、商品损耗率高等等。

这一举措看似经营者吃亏了，但这实际上却是经营者培养员工协作能力的核心所在，那就是为员工树立一个共同的目标，共同的愿景，让员工通过自己的奋斗去实现。需要注意的是，为共同目标奋斗不是要抹杀个人的业绩，而是在完成大目标的前提下，根据完成率的不同确定提成和奖金的比例，这样就把某个员工的利益和团队的利益捆绑在了一起。

另外，要培养协作的团队，员工之间的情感交流十分关键，因为人是有感情的动物，情感交流有利于员工之间相互了解，相互信任，增进团队的情感和团队协作。

善待员工，员工才能善待顾客

瑞士钟表匠始终恪守着一条行业准则——"在过分指导和过分监管的地方，别指望有奇迹发生。人的能力，唯有在身心和谐的情况下，才能发挥到最佳水平。"

这一行业准则源自四百多年前瑞士著名的钟表大师塔·布克的亲身经历。塔·布克是瑞士钟表行业的开拓者和奠基者，1536年他曾因为"亵渎"神灵被罗马教廷以异教徒的身份逮捕入狱。在监狱里，狱方安排他制作钟表，可是他却怎么都做不出日误差小于十分之一的钟表，而在他入狱前，他所制作的钟爱没有一块日误差大于百分之一秒。由此，塔·布克认定，一个钟表匠在不满与愤懑中，想要完成制作钟表所需要的1200道工序，那是不可能的；在对抗与憎恨中，想要精确地磨锉出一块钟表所需要的254个零件，那更是比登天还难。

由于自己的这段经历，所以塔·布克在见到埃及的金字塔时，他才会断言，建造金字塔的人绝对不是一群奴隶，而是一群快乐的自由人，所以他们才能建造出各个环节都衔接得天衣无缝连刀片都插不进去的金字塔。后来，埃及最高文物委员会通过对大量的墓葬考证，证实修建金字塔的并不是奴隶，而是当地有自由身份的农民和手工业者。

只有经营者学会善待员工，给予员工充分的尊重和爱护，员工才能善待和回馈经营者，这样顾客才能从员工身上感受到有温情的服务，从而成为常客。

建立简单的考评制度

一般大部分企业都会在一年结束后，对员工工作情况的好坏进行考评，做法通常是让每个员工准备一份自述材料，然后部门同事之间相互打分，最后由部门经理针对每个员工的自述材料，结合员工平时的工作情况，进行第三轮评分。

这样的考评工作往往要花费很长的时间，以及很大的精力，但实际效果却一般，执行时间一长，就容易变得流于形式。对于实体店而言，可以设置一套较为简单实用的考评方式，分别从敬业精神、业务能力和团队协作能力三个维度来考评。

每项考核的满分是10分，然后对员工进行评分，最后再根据总分评选出10%的优秀员工，并找出10%的不合格员工，剩下的员工就是良好和合格。如果是经营者直接管理员工，那么这套考核体系可以很好地用来震慑员工。如果经营者是通过管理层来考核员工，那么这套体系对于管理层也能起到一定的约束作用，因为"优秀"和"不合格"两个硬性标准，使得管理者不会为了维护自己的团队而让每个员工都拥有"中等"的评价。

最后要说明的是，不管采用什么样的考核制度，都要给员工留有一定的"申诉权"，这样就可以有效地避免考核结果出现不公平的现象了。

3. 搭建以运营为主的管理体系

在实体店的经营中，有一只"看不见的手"，它肩负着给顾客带来良好体验的运营使命，也是实体店的核心竞争力，一旦形成，就难以被竞争对手超越。

通常，店铺包含两大体系，一是前台体系，包括消费者可以看到的、感受到的、触摸到的、体验到的，是给顾客带来体验的体系；二就是后台体系，也是那只"看不见的手"。所有的实体店都离不开运营，无论是大的购物中心、百货店，还是小的便利店和餐馆，甚至是一个小小的摊位，都是如此。

对于大的零售商来说，运营就是搭建人、货、场，有效配置人、财、物，合理掌控进、销、存，实现提高销售、降低成本，以提升利润为最终目的的完美体系。对于小的实体店而言，就是管理好店铺的三大"流量"，即人流、物流和财流。只有运营得好，实体店才能够走上不断上升的通道。反之，则会渐渐陷入经营的困境，不管你是大的购物中心，还是小的社区便利店。

在国内的实体店大受电商冲击之际，日本的实体店却很少受到电商的影响。这方面的原因是日本实体店的用户体验做得十分出色，甚至是达到了极致的状态；另一方面，也是真正让日本实体店屹立不倒的原因，那就是其高效率的内在运营能力。

在对日本实体店的运营能力进行分析后，发现他们的运营能力主要体现在以下几个方面：

超低的采购价格

对于自营的实体店而言，采购是很大一部分成本支出，如果将采购的成本控制在一个很低的水平，经营者就会有更多的流动资金来维持整个店铺的运营。

俗话说："货比三家不吃亏。"大部分实体店在下单采购之前，都会有一张货比三家的表格，目的就在于在保证商品质量的前提下，降低采购成本。一个合适的供应商，首先应具备低廉的供应价格，这是根据市场上商品的售价所得出的。如果没有相同的商品价格可查，则可以通过参考同类的商品得出。通常，为了让供应商给出一个低廉的价格，经营者可以通过谈判或是让多家供应商去竞价，以此来找到最合理的供应价格。

前面提到的"好市多"在采购成本这一块，可谓是达到了死磕的地步，在好市多，有两条不能触碰的经营红线：一是所有的商品毛利润不得超过14%，一旦高出这个数字，就要上报给CEO，并申请董事会批准；二是外部的供应商，如果给竞争对手供货的价格低于给好市多供货的价格，那么这个供应商的商品，则永远不会出现在好市多的货架上。

在这两条硬性规则下，好市多的商品平均毛利只有7%，号称"天天低价"的沃尔玛，毛利润要比好市多高出13%。

另外，再追求低价采购的同时，也不能将低价作为选择供应商唯一的标准，还要从商品质量、送货、售后服务、促销支持等各方面进行评估。如果仅仅是价格低廉，而质量不合格，那万万不能选择，一旦质量出现问题，那对实体店铺的口碑将是毁灭式的影响。

快节奏和高效率

日本实体店追求的是勤进快销，意思就是进货频率高，销售速度快，这样可以在最大程度上解决库存积压问题，降低产品的仓储成本，并且提高进货周转率。但要做到勤进快销，对消费者的能力是一项考验。

首先，要求经营者对商品的畅销情况进行精准的评估和判断，并在这个基础上建立科学的库存管理系统。

其次，要了解各种商品的生命周期，每类商品都会经过引入期、成长期、成熟期和衰退期四个生命周期。经营者只有了解了某类商品所在的生命周期阶段后，才能制订出合理的商品管理计划、价格调整计划，以及促销组合计划。按照业内的分类，不同产品的生命周期曲线各异，时髦商品的销售周期无法持续多个季节，某种特定的产品款式只能流行一段时间。流行饰品可以持续多个季节，但淡季和旺季的销售额相差悬殊。大宗商品的销售周期可以持续多个季节，一种特点的产品款式可以流行多个季节，季节销售额没有什么明显的差别。

第三，要求经营者能够对商品进行高效的推广和促销。过去，经营者们认为只有过季、过时、直销的商品才在促销的行列之中，但事实上，纳入促销范畴的商品还包括新的产品、畅销的爆品，这样才能引起顾客的兴趣。

最后，经营者需要建立起涵盖"人、商品、资金"三位一体的考核体系，打造高效快捷的分销运营体系，根据用户需求打造快速反应能力和应对速度。

使用单品管理体系

所谓单品管理，就是店铺依据经营假设来订货，做好经营预案，使得不论某种商品实际需要订货多少，经营者都能够应对自如，以此来掌控畅销商品，排除滞销商品。这是一种用来应对"消费者未来需求"的方法。对此，日本7-ELEVEN便利店是这样做的，简单概括出来就是"假设→执行→验证"。

店员们依旧以当天的销售数据为出发点，再结合第二天的天气、街市活动等前瞻性信息，进行客观的分析和考虑，提前判断出顾客的消费心理，然后将此作为基础订货。第二天的营业结束后，再通过掌握当天收银结算的POS系统，精准地掌握产品销售的数量和时间，因此来印证和调整自己的假设。在没有引进POS系统之前，这一切都是通过人工进行的。那时候，7-ELEVEN的店员们每天早晚两次记录下陈列产品的数量，以此来掌握什么产品畅销，什么产品滞销，然后去分析顾客的需求是什么。最后再通过第二天的销售情况，去验证前一天的猜测。

位于东京市中心商务区的7-ELEVEN便利店，经过员工们每日的统计显示，每天到午餐高峰期，就会有大批量的色拉被出售，其中主要的消费者是女性顾客。后来区域管理经理根据POS数据发现，在早高峰时间，色拉的销售量虽然不及中午，但数量依旧很大。由此，经理推测女性们早晨购买色拉可能是出于对身材的维护，于是这家7-ELEVEN在早晨也陈列出大量的色拉，结果销量十分不错。

使用"单品管理"的核心在于主动思考，建立假设，再以实际的经营数据验证假设的流程。最后，需要补充说明的是，在进行单品管理时，要必须关注其他关联产品。比如：在旅游旺季，店铺采购了大量可以在户外食用的面包等产品，但是如果没有同步增加饮品的采购数量，那势必会出现断货的情况，造成一定的损失。

4. 一切用制度说话，店铺才能高效运行

俗话说："无规矩不成方圆。"每个市场化运作的实体店铺，都应该制定出自己的"规矩"，也就是管理制度。

马忠和经营的"老马兰州拉面"开始时生意十分红火，但自从拉面师傅告老还乡，又雇了一位新师傅后，就陷入了经营困境中，问题就出现在这个新师傅身上。

当初马忠和在雇用拉面师傅的时候，在薪资这块有些谈不拢，为了调动拉面师傅的工作积极性，他采取的措施是按照拉面的销量给师傅提成，每卖出一碗面，师傅就有五毛钱的提成。这就意味着来的客人越多，师傅的工资就越高。因此，为了多招揽些客人，师傅就在碗里放超量的牛肉。本来一碗牛肉拉面的售价就不高，牛肉数量增加了，成本自然就升高了，经营者的利润就微乎其微了。

于是，马忠和又想出来一个办法，那就是提高薪水，但每个月的薪水是固定的，不再有提成，经营者认为这样拉面师傅就不会多加牛肉

了。事实上也确实如此，但是没过多久，客人就变得越来越少了，原因在于拉面师傅开始少放肉了，因为肉放得少，所以顾客就来得少了，顾客少了，拉面师傅的活就少了，但是他每个月的薪水却不会减少。

拉面馆出现这种困境的原因，在于马忠和没有建立起一套合适的薪资制度。薪资在各行各业都是一个敏感的话题，薪资制度的设定关系到吸引新员工、留住老员工、员工升迁等一系列的问题。

理想的薪资制度，应该是所有员工自进入企业的那一天起，就能明确知道自己未来的成长轨迹，其中就包括升职路径以及薪资增加路径。因为透明的薪资标准和清晰的上升通道，在招聘的过程中，可以让员工不单纯冲着眼下的薪资待遇而来，他们更加看重的是未来自身的发展空间，以及能够通过自身努力达到的未来收入情况。

因此，一个经过合理设计并严格执行的薪资管理体系，能够对员工起到积极的正面作用；若相反，就会成为管理的巨大阻碍。如果店铺中出现了不好的工作风气，那一定是制度的问题，是体制的问题。只有制度合理了，才能使各项工作高效地进行。

纵观零售行业中的佼佼者们，他们都有一套标准化的操作流程，甚至就连一个简单的接电话，有的企业都制定了标准化的流程，比如海底捞。海底捞要求话务员在接到电话订餐时必须要按照以下11步流程操作：

第一步，电话响起三声内必须接起电话；

第二步，语气要和善、亲切、耐心，吐字要清晰，语速不可过快或过慢；

第三步，对顾客要礼貌称呼；

第四步，询问顾客的订餐时间；

第五步，询问订餐人数；

第六步，询问顾客需要大厅还是包间；

第七步，询问顾客的特殊需求；

第八步，跟客人确定订餐信息；

第九步，答复顾客订餐成功与否；

第十步，与顾客道别，说再见；

第十一步，给预定成功的客人，发送确认信息。

这11个步骤看似十分简单，即便不用规定，也可以轻松做到。但正是因为流程有了标准的规定，才能够使海底捞的服务始终处在不败的位置上。

有了制度的存在，员工的业务流程才能实行标准化、书面化和具体化，从而为高质量的服务提供保证。

由于经营的种类不同，所以每家实体店的管理制度也各有不同，但是在制定管理制度的过程中，要遵循的原则不外乎以下几种：

维护制度的权威性

管理学上有一个著名的"热炉法则"，大致的意思是：当有人用手去碰烧热的火炉时，就会受到"烫"的惩罚。而这个"热炉效应"可以用来维护经营者所制定制度的权威性。

这个"热炉法则"具有以下四个特点：

特点一，预警性。当炉子被火烧得火红，即便不用手去摸，都能知道炉子是热的，如果用手摸，就会被烫伤。经营者据此来对员工进行制度教育，以警告他们不要违反、抵触规则，否则就会被烫伤。

特点二，即时性。当有人罔顾法则，就好比看着烧得通红的火炉，依旧要用手去摸，那么他的后果就是会被立即烫伤，绝不拖泥带水。同样，对于违反制度的员工，一定要让他们受到相应的惩罚。

特点三，必然性。对于摸到热炉被烫伤，是必然的结果，不会有下不为例之说。而管理者对员工的处罚也必须在错误行为发生后立即进行，决不能拖延，或是滞后，这样才能达到及时改正错误的目的。

特点四，公平性。不管是谁碰了热炉，都将无一例外，会被烫伤。这一点强调的是处罚的公平性，不管是谁违反了制度，都会被惩罚，不能有特例。

将经常性的工作标准化

将经常性的工作进行管理规划，制定出相对应的流程。店铺的工作纷繁复杂，如果可以制定出相关的流程，并且将责任落实到每一位员工身上，这样就可以大大提高工作效率。

举个例子，店铺每天都要开张，那么要早晨几点开门？上午要完成哪些工作？下午还要做什么？几点关门？节假日和平时的营业有什么区别？店铺都会举办哪些活动？活动前后都有什么注意事项？……店铺只有形成了规范的工作流程，每个岗位才有其设立的意义。

至于在制定流程方面，要尽量遵循简明、细致、流畅这几个原则。简明是指在制定流程的时候，不要装订成一本厚厚的册子，最好能用一张纸就说明一切，对于不能用一张纸说明的流程，便将其进一步细分成多项流程，以保证每一项流程的简明程度。

细致是指对业务流程的规定越细致越好，就像海底捞制定的接电话流程一样，最好能够细致到员工在规定场景下的每一句话、每一个动作都有章可循。在面对问题时，能够迅速找到对应的流程，并依照流程迅速解决问题。

流程是指各项业务之间要能够有效地连接起来，如果分解之后各流程间不能有效连接，甚至还存在冲突矛盾，那员工势必无法顺利完成这样的流程。

确保制度人性化、合理化

制度的存在就是为了更好地指导员工工作，所以要从员工的角度出发，不能一味严管、压制。某玩具制造公司有这样一条规定，只要员工延迟交货，那么不管在什么情况下，都要扣取一定的违约金。但事实上，只要是延迟交货，多半都是事出有因，出现了不可抗拒的因素。为了保证交货时间而制定相关的制度无可厚非，但是如果不合理，那也就失去了制定的意义，毕竟制度是用来遵守的，若遵守有困难，则形同虚设。

因此，经营者在制定制度的时候，要经过详细调查，认真细致地分析研究，并结合自身的经营状况和员工的实际情况，在征求员工意见的基础上，拟定出较为合情合理的规章制度。另外，要让员工有充分、合理的时间来熟悉和学习制度，也能够有反省自己工作，改进自我工作的时间。

制度要与时俱进

经营者在制定管理制度时一定要有前瞻性，使制度具备一定的灵活程度，可以随着时间、环境的变化而变化，绝对不能定成"死规矩"，并且一成不变地执行下去。因为任何规章制度都是时代的产物，也是为了适应时代、环境而制定出来的。

社会在不断地向前发展，时代在变，社会也在变，若是经营者在管理过程中，发现了现有规章制度存在不合理的地方，那就需要尽快废止或是进行合理的补充，千万不可墨守成规。若是还原封不动地用过时的规章制度来让员工遵守，那这些规章制度只会成为束缚员工积极性的僵硬条文。

5. 企业文化，是店铺管理的灵魂

现如今，所有的实体店都面临着一场格局的改变，大店吃小店，强者吞并弱者，连锁挑战分散，精细对抗商超，面对这一切，经营者必须拥有新的思路、新的理念、新的模式，以及深入人心的企业文化。

企业文化其实就是经营者自身特质的显性载体，有时候难以用好坏来区分，只能用员工自身是否适用来衡量。只要员工能够接受与适应，起到管理的作用就可以。最重要的是，经营者作为店铺的"领头羊"，要做到以身作则，不能倡导员工加班加点，但是自己却总是迟到早退，这样的企业文化是没办法对员工产生影响的。

华为公司的创始人任正非曾说过："世界上的一切资源都是可能枯竭的，唯有文化才能生生不息。"所以人需要文化来作为自己的"魂"，企业与人一样，也需要有自己的"魂"，有自己的核心精神，这是一个企业最宝贵的东西。

提起华为，就不得不说那双著名的"芭蕾脚"，那是一双看上去极为丑陋，并且伤痕累累的脚，但是舞者却用这双脚，跳着世界上最优美的舞蹈。在这双脚的旁边，还有这样一句话："伟大的背后是苦难。"这是罗曼·罗兰的名言。任正非认为，这双脚再加上这段话能够很好地诠释华为的奋斗史，能够代表华为的形象，现在这双"芭蕾脚"已经成为华为的企业文化。

当初很多人觉得"芭蕾脚"这幅画不够优美，但是任正非却力排众议，将这幅画作为华为的"代言人"，这跟任正非本人的成长经历有很大的关系。可以说，任正非的人生就是一部苦难史，从他幼年的成长，一直到他创办华为，没有一步不是从艰难中走过。所以任正非看到了"芭蕾脚"，就仿佛看到了自己一样，他也将这种不怕苦不怕难的精神，注入华为的"血液"中。因此每一个华为人，都是不怕苦不怕累的，他们不断地挑战自己，向着更远的方向前进。

还有服务届的标杆企业——海底捞，他们倡导的是温情化的企业文化。海底捞倡导员工以自己所在的组织为家，还会鼓励员工介绍自己的亲人、朋友到海底捞工作。除此之外，还培养员工的"主人翁"意识。在海底捞，区域经理有百万元以上的自主权，普通员工能够根据情况判断，自主决定是不是可以给顾客免费送一些小菜，甚至给用餐不满意的顾客免单。这种"主人翁"的自豪感，还有利于员工之间产生凝聚力。最重要的是，因为自己工作在一个充满温情的企业中，所以员工在工作的时候，也能将这种温情传递给每一位顾客。

不光是大型的企业需要企业文化，哪怕一家小小的实体店，企业文化也绝不是可有可无的，而是店铺管理运营中一个至关重要的环节。店铺的文化除了简单的产品文化外，还包括店铺的内部管理，这是企业管理的最高形式、最高层次。

经营者通过构建店铺文化、店铺精神，可以使员工认可共同的价值和行为规范。员工对店铺的文化认可程度越高，店铺的凝聚力和向心力就越大，有了这种凝聚力，店铺才能越发展越强大。

在企业管理中，有句俗语："三流企业靠质量，二流企业靠品牌，一流企业靠文化。"那么经营者要怎么做，才能打造出良好的企业文化呢？

以人为本，笼络住人心

人作为企业的主体，在未来的企业发展中必将越来越重视人的因素。因此，在打造企业文化时，经营者要树立以人为本的理念。

很多时候，经营者都会将自己的重心放在业务上，很少能够做到真正地关心员工。而构建企业文化，最先要解决的问题就是人心。对此，海底捞就做得十分好。当大部分企业都将利润作为自身的追求时，海底捞追求的是顾客和员工的满意。追求顾客的满意，这很好理解，但是还要追求员工的满意，这在企业管理中，可以说是特立独行的存在，就连许多管理学大师都不敢这样想。

把员工看作家人，让员工把公司当作家一样，这种"家文化"是很好的"笼络"人心的方式。所以，在人员流动量巨大的餐饮界，海底捞员工的离职率只有不到10%，几乎是传奇般的存在。

塑造核心的价值观

核心价值观是一种精神，是企业文化的魂魄，通过企业文化塑造核心的价值观，可以将员工的价值观与经营者的价值观统一起来。

一个企业的准确价值观一经确立并成为全体或大部分员工的共识，则会产生长时间的稳定性，成为一种共同尊奉的信念，对企业具有持久的精神支撑力。这种支撑力在企业经营鼎盛辉煌时会作为一种持久的精神意识动力，让员工不断前进，永不停步；在企业经营困境时则会成为一种强大的精神支撑力让员工不灰心不丧气。

通常，实体店在塑造核心价值观时，会围绕着"同生共荣、利润追求、以人为本、科技领先、产业报国、文化推进、信誉立业"等几个方面进行，有的综合追求其中几项，有的只取其中一项。不管怎么选择，都要根据自身的实际情况进行取舍，只有符合店铺的经营理念，核心价值观才能起到促进的作用。

物质保障是文化的基础

经济基础决定上层建筑，没有物质做保障，文化就好像是空中楼阁一般不切实际。因此，不管是多么美好的企业文化，都需要足够物质作为基础。换句话说，就是要先将员工的温饱问题解决了，他们才能够被企业文化所驱使。

经营者能够给员工的物质保障，除了薪资之外，还有就是福利了，而后者是能够令员工幸福感得到提升的手段。比如：海底捞不但会给员工发工资，还会给员工的父母发工资，尤其是对于那些表现优秀的员工，公司还会掏钱给父母买火车票，让父母前来探亲，而员工同时可以享受三天的陪同假。除此之外，海底捞的员工宿舍也是"豪华版"的，里面电视、洗衣机、空调、电脑等一应俱全。员工不用自己打扫房间，公司会派专门的保洁人员前来清理。如果是夫妻二人都在海底捞上班，还会有单独的房间居住。

在这样的福利待遇下，员工自然会更加卖力地为企业工作。对于一些小店铺而言，可能没有海底捞这样的财力去支撑这样好的福利待遇，但是逢年过节发一些小礼品，生病难受时送一些慰问品，还是必不可少的。